Marcel Proust
à 20 ans

Le temps de la recherche

AU DIABLE VAUVERT

Jean-Pascal Mahieu

Marcel Proust
à 20 ans

Le temps de la recherche

Dans la même collection

BORIS VIAN À 20 ANS, Claudine Plas
GUSTAVE FLAUBERT À 20 ANS, Louis-Paul Astraud
Collection dirigée par Louis-Paul Astraud

ISBN : 978-2-84626-227-9

© Éditions Au diable vauvert, 2010

Au diable vauvert
www.audiable.com
La Laune BP72 30600 Vauvert

Catalogue disponible sur demande
contact@audiable.com

*Il y a des jours montueux et malaisés
qu'on met un temps infini à gravir
et des jours en pente qui se laissent descendre
à fond de train en chantant.*

Marcel Proust, *Du côté de chez Swann*

«Cheveux, châtains; sourcils, châtain foncé; yeux, châtains; front, bas; nez, moyen; bouche, moyenne; menton, rond; visage, ovale; taille, 1 mètre 68.» Ce portrait d'une précision d'artilleur est dressé par un médecin militaire en novembre 1889. C'est celui de Valentin Louis Georges Eugène Marcel Proust, né le 10 juillet 1871 à Auteuil, soldat de deuxième classe au 76e régiment d'infanterie d'Orléans. Il s'est porté volontaire pour un an mais son allure n'en laisse rien paraître et, lorsqu'on lui demandera un jour quel fait d'armes il admire le plus, il répondra malicieusement: «Mon volontariat!»

Au garde-à-vous parmi les autres, Marcel passe à peu près inaperçu. Les choses se gâtent dès qu'il bouge. Il manque d'adresse et de vigueur. Lorsqu'il tire au fusil, il craint tellement le choc du recul sur l'omoplate qu'il en oublie sa cible. Grâce aux relations de son père, il échappe aux exercices les plus difficiles. Adieu la natation, les parades matinales et le saut à cheval sur les fossés ! Ce service militaire à la carte lui convient mieux mais ses résultats s'en ressentent. L'expérience s'achèvera sur une mention en forme d'épitaphe portée dans son dossier : « Ne sait pas nager. » Il terminera soixante-troisième au classement de sortie. Sur soixante-quatre.

Contrairement à son frère Robert, le sportif de la famille, Marcel est fragile. L'asthme lui prend tout son souffle. À neuf ans, il a failli s'asphyxier devant ses parents après une promenade au bois de Boulogne. Depuis, la maladie ne le quitte plus et lui fait croire chaque fois que c'est la fin. La prochaine crise pourrait être fatale.

On dit que l'asthme frappe surtout les gens aisés. C'est vrai, les Proust ont de l'argent. En réalité, on ne sait pas grand-chose sur cette maladie. Au printemps, les médecins déconseillent à Marcel le jardin de l'oncle Louis à Auteuil ; les pollens en font un véritable enfer. Et les vacances à la campagne chez les grands-parents Proust sont déjà un souvenir d'enfance. Si sa santé se dégrade, on lui prescrira un lavement au mercure. Marcel n'en est pas là, du moins pas encore mais, angoissé, émotif et d'humeur facilement changeante, il souffre aussi de nervosisme, une autre maladie bizarre qui divise les spécialistes : les uns sont pour les bains d'eau froide, les autres pour les bains d'eau chaude. Le père de Marcel a beau être un médecin hygiéniste réputé, quels conseils pourrait-il bien donner à son fils, lui qui écrit dans son *Traité d'hygiène publique et privée* : « Si on habite la campagne en grand seigneur, en joignant à la pureté de l'air, aux exercices virils, à l'absence de fatigue intellectuelle, tous les avantages d'un grand confort, d'une maison bien construite et d'une nourriture excellente, il est incontestable que la vie rustique est très favorable à la santé. » Certes. Le Dr Proust protège l'Europe des épidémies mais ne peut rien contre l'asthme de son fils.

Pour être franc, il trouve que Marcel se complaît dans la maladie et que sa vie désordonnée n'arrange rien. Des repas réguliers, des marches au grand air, voilà ce qu'il lui faut plutôt que de rester enfermé à lire. Il pensera moins à sa santé quand il travaillera. Qu'il jette ses médicaments aux orties ! Les cheveux grisonnants d'Adrien Proust, taillés en épi et ramenés en arrière, laissent son front bien dégagé. La barbe fournie, à moitié blanchie, le regard clair, il pourrait être légionnaire. Cet ami de l'ordre et des institutions a pourtant gagné en rondeur auprès des hommes politiques. La réussite professionnelle et les honneurs lui ont même apporté une sorte de plénitude. Mais il est surtout fier de son bon sens dont il ferait volontiers la devise de la famille si seulement elle avait un blason. Fier à en dédaigner ceux qu'une sensibilité immodérée empêche de voir les choses telles qu'elles sont.

Il saurait sûrement quoi faire, lui, s'il était asthmatique. La maladie ne ferait pas long feu. Marcel n'a ni sa volonté, ni ses certitudes. Alors il s'accroche à ses précieux cachets et à sa poudre Legras qui dégage une fumée apaisante en se consumant, autant de remèdes qui soulagent sans soigner. Quand il n'en pourra plus, il dormira le jour et travaillera la nuit dans une chambre tapissée de liège, à l'abri des duretés du monde. En attendant, son asthme fait des victimes collatérales. Sa respiration réveille ses camarades de chambrée. Le gêneur est sommé d'aller suffoquer ailleurs.

Son supérieur a décidé pour lui mais Marcel aurait pu réclamer une chambre en ville. L'armée donne plus que l'ordinaire aux jeunes gens de bonnes familles. Un soldat est parfois affecté à leur service personnel, la hiérarchie se montre compréhensive. C'est ainsi qu'au mois de février Marcel est autorisé à dîner chez le préfet du Loiret qui l'a invité sur recommandation de son père. Il y rencontre Robert de Billy, volontaire lui aussi, qu'il saoule de métaphysique et d'éloges sur un dénommé Darlu, son ancien professeur de philosophie. Selon Robert, « Sa démarche et sa parole ne se conformaient pas à l'idéal militaire. Il avait de grands yeux interrogateurs et ses phrases étaient aimables et souples. »

Une complicité s'installe entre ces privilégiés et leurs officiers, comme en témoigne la photographie dédicacée que lui offre un élégant lieutenant, membre du Jockey-Club, du Cercle de la rue Royale et de la Société hippique. Après tout, ces soldats éduqués sortiront du rang. Un jour, ils seront officiers eux aussi. Sauf peut-être Marcel, décidément réfractaire à l'idéal militaire, qui pose en train de faire des entrechats, ou un bréviaire à la main avec sa capote en guise de robe de bure.

Ces facéties n'enlèvent rien au respect qu'il porte à l'armée dont le lustre n'est pas encore terni par l'affaire Dreyfus. L'institution a pourtant ses détracteurs. La défaite face à la Prusse a marqué les esprits. Et si l'armée veille sur les colonies, elle réprime aussi sans ménagement les mouvements ouvriers. Des écrivains comme Zola ou Gourmont la critiquent ouvertement. Paul Valéry qui fait son service militaire y voit un esclavage pour ceux « qui veulent penser quand même sous l'étranglement du ceinturon ». Ces attaques ne restent pas sans réponse, on brûle des livres dans les casernes. Parfois, la polémique s'engage à fronts renversés. *Le Cavalier Miserey* d'Abel Hermant, jugé antipatriotique par Anatole France, reçoit le soutien de Lyautey qui publiera lui-même en 1891 le très peu conformiste *Rôle social de l'officier*. Mais, dans l'ensemble, l'opinion soutient l'armée. Elle seule rendra au pays l'Alsace et la Lorraine perdues depuis déjà vingt ans. L'armée est le rempart de la patrie, son état-major est «l'Arche sainte». Et pour un Marcel épris d'histoire, son prestige ne peut qu'être rehaussé par la présence au sein de son régiment du capitaine Walewski, petit-fils de Napoléon.

À défaut de briller sur le terrain, Marcel enrichit sa culture militaire en questionnant inlassablement les officiers. Sa politesse excessive déconcerte ses supérieurs. Le colonel Arvers, auquel le jeune Proust a été recommandé par une relation politique de son père, «mon excellent colonel» dit Marcel, ne prend guère le temps d'assouvir la curiosité de cet encombrant soldat. Mais il devine chez lui des capacités intellectuelles inemployées. Pendant l'été, on aurait donc confié à Marcel un travail plus cérébral au quartier général. Cette initiative malheureuse a dû valoir à l'excellent colonel Arvers un savon de la part de ses supérieurs. Ce Proust met trop de mots dans ses phrases, on s'y perd dans ce fatras! Marcel aurait commenté lui-même son éviction : «Mon écriture exaspérait tellement, et avec raison, le chef de l'état-major, que je n'ai pu y rester.»

Pourtant, son style plaisait à ses professeurs. L'an passé, il a décroché le prix d'honneur de dissertation française. En classe, M. Gaucher lui demandait souvent de lire à haute voix ses copies à ses camarades. Professeur et critique littéraire, il encourageait les belles dispositions d'un élève dont les devoirs l'enchantaient. Marcel ne faisait cependant pas toujours l'unanimité. Ses phrases constellées d'incidentes déclenchaient les huées des uns et les applaudissements des autres. Un jour, après avoir écouté la lecture d'une dissertation, un inspecteur nommé Eugène Manuel qui se piquait d'être poète a épinglé le maître et son élève en lançant à Gaucher : « Vous n'auriez point, parmi les derniers de votre classe, un élève écrivant plus clairement et correctement en français ? » Gaucher lui aurait répondu avec insolence : « Monsieur l'Inspecteur général, aucun de mes élèves n'écrit en français de manuel. »

Cet inspecteur aurait sûrement fait un brillant officier d'état-major et Marcel, un formidable saboteur. Car il vaut mieux qu'il ne soit pas devenu officier. Après la mort de ses parents, quand il gérera lui-même sa fortune, un seul et unique employé de son agent de change sera capable de déchiffrer ses consignes. En temps de guerre, les hommes du général Proust auraient tous péri avant d'avoir seulement compris ses ordres.

13

Les exercices physiques sont un calvaire pour Marcel mais ses performances déplorables n'en font pas la tête de Turc du régiment. Le soixante-quatrième lui a peut-être sauvé la mise en coiffant le bonnet d'âne de la promotion. Curieusement, une seule lettre de Marcel nous est parvenue de cette période. Elle est écrite à son père avec lequel il correspondait peu. Si la douceur familiale lui manque à coup sûr, il n'évoque aucune brimade. Ses compagnons doivent ricaner bêtement quand il tombe, sans plus. Ils sont naturels, ces garçons. Tout est tellement spontané chez eux. Leurs gestes sont un peu brusques, leurs propos s'accompagnent d'éclats de voix mais Marcel admire leur force et leur souplesse. Cette simplicité le change des jeunes gens bien élevés qu'il retrouve en permission à Paris, chez Mme Arman de Caillavet. C'est dans son salon que Marcel aurait eu l'idée de s'engager. Gaston, le fils de la maison, faisait son service militaire à Versailles. Marcel l'a trouvé beau, photographié en uniforme. Ils se voient maintenant le dimanche et, de retour à Orléans, Marcel chante les louanges de son nouvel ami. Subjugués par ce portrait dithyrambique, les autres soldats ont envoyé une lettre à ce cher Gaston pour le jour de l'An.

En permission, Marcel voit surtout sa mère. Quand il ne peut pas venir, c'est elle qui se rend à Orléans. Un capitaine du régiment donne aussi à Mme Proust des nouvelles de son «petit loup». Mais elle est surtout présente par ses lettres. À la fin du premier mois, pour soutenir son soldat de fils qui pourrait trouver le temps long, elle lui souffle une idée. Il suffit à Marcel de prendre onze tablettes de chocolat et d'en manger une par mois ; il sera étonné de les voir partir si vite. Elle se reprend aussitôt, ce serait mauvais pour sa santé. Jeanne Proust parle de ses lectures, donne des nouvelles de la famille et saupoudre le tout d'anecdotes. Le frère cadet, Robert alias Dick, Robichon ou Proustovitch, est encore au lycée. Entre deux exercices d'algèbre, il masse énergiquement leur père qui a mal aux reins. Aurait-il attrapé le virus de la médecine ?

La mère de Marcel se montre aussi bien pressante dans ses lettres : « Je me flatte que je recevrai demain une bonne longue lettre qui me tiendra lieu d'un petit peu de toi », « Rien de toi hier ni aujourd'hui », « Le courrier de ce matin ne m'a encore rien apporté », « Je suis désappointée de ne rien recevoir ce matin. J'aurais pourtant bien besoin de savoir comment tu vas », « Rien de toi aujourd'hui, ce sera pour ce soir ? » Au mois d'août, il doit faire « acte de contrition » à la suite d'un petit différend : « Achète je te prie dix cahiers de grand papier à lettre quadrillé [...], deux paquets d'enveloppes blanches s'y adaptant exactement [...], et tu réserveras spécialement pour m'écrire à moi ces soixante lettres, cela me sera agréable. » On s'écrit beaucoup alors mais Mme Proust semble bien envahissante. Même pourvu des facilités de Marcel pour l'écriture, plus d'un fils l'aurait envoyée promener.

Ces deux-là sont différents. Au mois de janvier, la mort d'Adèle, la mère de Jeanne, la grand-mère chérie de Marcel, a resserré un peu plus encore leurs liens déjà très étroits.

S'il proclamera plus tard sa sympathie pour la vie militaire, Marcel devait s'attendre à une épreuve lorsqu'il s'est engagé. Pourquoi s'est-il porté volontaire, lui qui n'était manifestement pas taillé pour l'aventure ?

Un an au lieu de trois, le volontariat était avantageux. Mais Marcel aurait pu rester chez lui. Sa maladie et les relations de son père lui garantissaient l'exemption. Voulait-il imiter ce père auquel le gouvernement confiait des missions à l'étranger ? Orléans, son église Saint-Euverte, son quartier Saint-Loup… Ce n'était pas très exotique mais l'armée gardait un parfum de danger. Le service militaire serait une épreuve virile. Un brevet de courage, dans un milieu d'hommes, n'était pas pour déplaire à Marcel. Voulait-il s'éloigner provisoirement de sa mère pour se préparer au jour où elle s'en irait pour de bon ? Après la mort de Jeanne qui surviendra en 1905, Marcel confiera à Barrès que toute leur vie aura été un entraînement pour lui apprendre à se passer d'elle. Jeanne elle-même oscille entre l'instinct et la raison. Elle couve son fils mais il doit apprendre à vivre seul. La chaleur d'une famille aimante, heureuse et tendre, ne le prépare guère aux rigueurs du monde. L'année dernière, elle est allée en cure à Salies-de-Béarn sans lui. Était-ce pour l'aguerrir un peu ou simplement parce que Marcel s'y ennuie ? Le Bottin mondain trouve la station thermale « peu animée, à cause des malades ». Évidemment. Mais Marcel ne préfère-t-il pas s'embêter auprès de sa mère que d'en être séparé ? Une chose est sûre, la mère et le fils ont conçu l'éloignement du service militaire comme une épreuve nécessaire. Dans une lettre à Marcel, Jeanne oublie le chocolat et soudain se fait grave : « Sois vainqueur d'un combat dont ton bonheur et le nôtre sera le prix. » Rien de moins que leur bonheur.

Ce service militaire tombait aussi à pic. Marcel ne savait pas quoi faire après le lycée malgré l'insistance de son père qui le pressait de choisir une carrière. À l'armée, il suffit d'obéir. C'était l'endroit rêvé pour lui qui se disait malade de la volonté. Le mot même de « volontariat » a dû le séduire. Être volontaire ne serait-il pas le meilleur moyen d'acquérir de la volonté ? Et puis, il avait dix-huit ans, un âge auquel on s'emballe facilement.

Marcel se serait montré si enthousiaste qu'il aurait essayé de prolonger son séjour à Orléans. Mais la patrie reconnaissante – et soulagée – préfère en rester là. Le colonel a certainement fait valoir que ce gentil soldat n'aurait jamais dû être incorporé. Il ne sera pas dit que l'armée persiste dans ses erreurs. Marcel se résigne. Après tout, il s'est offert une année de répit pendant laquelle il a oublié son avenir. Maintenant, il a rendez-vous avec son père.

Les pères s'occupent assez peu de leurs enfants. Tout à ses obligations professionnelles, Adrien Proust n'échappe pas à la règle. Mais l'avenir de Marcel n'est pas l'un de ces petits tracas quotidiens dont Jeanne se débrouille seule.

Adrien patiente depuis un an. L'attente n'a pas émoussé sa volonté, bien au contraire. Son fils aîné fera une carrière, une carrière «pratique», ajoute-t-il pour se faire mieux comprendre. Le Dr Proust n'envisage pas un métier manuel, sa position sociale en pâtirait. Il n'y a tout de même pas que la bohème et le salariat! Une profession libérale serait idéale. Un savoir construit sur de solides études apporte prestige et bien-être matériel. Hélas, Marcel ne sera pas médecin. Il questionne son père sur son métier par simple curiosité, non par vocation même si, de temps en temps, il délivre à ses connaissances de véritables consultations médicales. Adrien Proust compte désormais sur le cadet pour prendre la relève. Pour autant, il est hors de question que Marcel se contente de littérature et de ces mondanités auxquelles il prend goût.

Ce n'est pas leur premier différend. Depuis quelques années, un sujet délicat oppose Marcel à ses parents. Tout allait bien pourtant lorsqu'il était petit. Cet enfant avait tant de grâce. Jeanne n'était pas peu fière quand elle le surprenait à réciter des vers sous le regard étonné de ses camarades. Il les prenait par la main pour en exiger une fidélité sans faille et concluait avec eux des pactes de vérité, un peu comme elle le fait avec lui pour qu'il dise tout à sa maman. Il avait aussi toujours un mot pour les mères et les grands-mères de ses amis. Il allait vers elles pour s'enquérir de leur santé ou aborder quelque sujet habituellement dévolu aux grandes personnes. Il n'y a encore pas si longtemps, Marcel écrivait à Antoinette Faure, la fille du député du Havre devenu ministre, de gentilles lettres qu'il faisait relire à Jeanne avant de les envoyer. Lorsqu'il avait environ quatorze ans, il a écrit quelques lignes dans son «album». Les jeunes filles de bonne bourgeoisie recueillent ainsi les pensées de leurs amis. L'album d'Antoinette, importé d'Angleterre, n'était pas fait de pages blanches.

Une série de questions permettait de cerner les goûts et la personnalité des jeunes gens. Pour Marcel, le comble de la misère était d'être «séparé de Maman.»

Il fréquentait aussi la jeune Benardaky, la fille d'un ancien maître des cérémonies à la cour du tsar, dont la famille se serait enrichie grâce au commerce du thé, d'après les mauvaises langues. Marcel se disait amoureux de Marie et la retrouvait aux Champs-Élysées. Quand il l'apercevait, son cœur battait si fort qu'il en devenait tout pâle. Il était en larmes s'il ne pouvait pas la voir à cause du mauvais temps. Mieux valait pour sa santé qu'il ne la vît pas trop. Le père de cette petite est un peu imbu de sa personne. Quant à la mère, elle pose pour Nadar dans des costumes somptueux mais grotesques et ne parle que d'amour et de champagne. Elle apparaîtra bientôt déguisée en walkyrie, une lance à la main, trop replète pour être menaçante. Adrien et Jeanne n'auraient pas voulu de cette belle-famille pour leur fils. Ils regrettaient tout de même un peu Marie, maintenant que Marcel avait changé. Il s'isolait dans sa chambre pour correspondre avec de mystérieux destinataires. Il se confiait encore mais ne disait plus tout.

Les ennuis ont commencé quand il a découvert le plaisir solitaire. Il paraît que l'onanisme rend neurasthénique; Adrien Proust a aussitôt pensé au manque de volonté de son aîné. Il voudrait être plus sévère avec lui mais dès qu'on a des mots un peu durs,

Marcel éclate en sanglots et se met dans un état inquiétant pour sa santé. Alors, le plus souvent, Adrien se contente de sermonner Jeanne sur sa complaisance excessive. De toute façon, il ne pouvait pas surveiller son fils. Il n'allait pas percer la porte des toilettes ; l'appartement n'est pas un pensionnat. Il n'allait pas non plus le faire cautériser. Marcel acceptait d'en parler, c'était déjà ça, et Adrien savait s'y prendre grâce à son métier. Lorsqu'il était à bout d'arguments, il demandait à son fils de s'abstenir pendant quelques jours, espérant, sans trop y croire, que ça lui passerait.

Ces pratiques solitaires auraient été un moindre mal s'il s'en était contenté. Mais on se caresse le soir et, un beau matin, on se réveille pédéraste. Ses parents le savent à présent, Marcel rêve de garçons, pas de jeunes filles. En apprenant son faible pour le jeune Bizet qu'il connaît depuis leurs premières années d'école au cours Pape-Carpentier, Jeanne et Adrien se sont affolés. Ils ont banni ce garçon de si mauvaise influence et interdit à leur fils d'aller chez lui. Marcel a voulu négocier. Pouvait-il au moins le voir dans un endroit neutre, dans un café par exemple ? Pas question ! Marcel a menacé de tomber malade et de se masturber, ses parents sont restés inflexibles. S'ils avaient lu ses lettres, ils auraient compris que la mauvaise influence ne venait pas de Jacques Bizet auquel Marcel écrivait : « Pourtant je trouve toujours triste de ne pas cueillir la fleur délicieuse, que bientôt nous ne pourrons plus cueillir. Car ce serait déjà le fruit… défendu. » Ses lettres à Daniel Halévy, le cousin de Jacques, étaient tout aussi édifiantes : « Tu m'administres une petite correction en règle mais tes verges sont si fleuries que je ne saurais t'en vouloir, et l'éclat et le parfum de ces fleurs m'ont assez doucement grisé pour m'adoucir la cruauté des épines. Tu m'as battu à coups de lyre. […] tu es délicieux, […] tu as de jolis yeux clairs […] je me mêlerais mieux à ta pensée en m'asseyant sur tes genoux […]. » Marcel exposait à Daniel sa conception de l'amour entre jeunes garçons. Cet amour est tout provisoire : « J'ai des amis très intelligents et d'une grande délicatesse morale je m'en flatte, qui une fois s'amusèrent avec un ami… c'était le début de la jeunesse. Plus tard, ils retournèrent aux femmes. » Et parfaitement normal : « Il y a des jeunes gens […] qui aiment d'autres types […], qui les aiment pour leur *chair*, qui les couvent des yeux […], qui leur écrivent des lettres passionnées et qui pour rien au monde ne feraient de pédérastie. Pourtant généralement l'amour l'emporte et ils se masturbent ensemble. […] Ce sont en somme des amoureux. Et je ne sais pourquoi leur amour est plus malpropre que l'amour habituel. » À seize ans, Marcel voulait convaincre ses amis, et lui aussi peut-être, que ces pratiques anodines ne les empêcheraient pas de revenir ensuite vers les femmes.

Jacques et Daniel sont beaux et intelligents. L'un est le fils du compositeur de *Carmen*; l'autre a pour père Ludovic Halévy, librettiste d'Offenbach et auteur de *La Belle Hélène*. Si seulement c'étaient des filles… Des filles d'artistes. Jeanne aurait été la plus heureuse des mères. Il aurait tout de même fallu que Marcel en choisît un. Enfin, une. Mais là, aimer des garçons, et deux à la fois en plus!

Depuis peu, l'homosexuel n'était plus considéré comme un criminel. C'était juste un malade qui pouvait contaminer les autres par une séduction dévoyée. Sa condamnation par la société n'en demeurait pas moins ferme. À presque dix-sept ans, Marcel était trois fois malade en somme: asthmatique, nerveux, homosexuel. Le Dr Proust était impuissant face aux deux premières affections. Pour la troisième, il a rédigé une ordonnance peu orthodoxe de la part d'un médecin hygiéniste. Il a prescrit la maison close et a donné à son fils de quoi s'offrir le «traitement». Cette pratique est courante dans les familles aisées. Les jeunes gens bien élevés, à la sève bouillonnante, fréquentent les prostituées. Sinon, ce sont les bonnes qui subissent leurs assauts et se retrouvent enceintes. Malheureusement, les efforts d'Adrien pour combattre les mauvais penchants de son aîné ont tourné au fiasco. Marcel a raconté sa mésaventure dans une lettre à son grand-père Nathé: «J'avais si besoin de voir une femme pour cesser mes mauvaises habitudes de masturbation que papa m'a donné 10 francs pour aller au bordel, mais 1° dans mon émotion j'ai cassé un vase de nuit, 3 francs 2° dans cette même émotion je n'ai pas pu baiser. Me voilà donc comme devant attendant à chaque heure davantage 10 francs pour me vider et en plus ces 3 francs de vase. Mais je n'ose pas redemander sitôt de l'argent à papa et j'ai espéré que tu voudrais bien venir à mon secours […].» On ignore si Marcel a expédié cette lettre mais ses ennuis ont sans doute fait le tour de la famille. Peut-être a-t-il inventé cette histoire pour échapper à la «thérapie» prescrite par son père.

Ses parents ont dû être bien déçus s'ils comptaient sur l'armée pour le changer. Dans la lettre à son père écrite pendant son service militaire, Marcel racontait de façon un peu confuse qu'il avait délaissé les bonnes d'Orléans. À sa manière, il signifiait à son père son manque d'attirance pour les femmes. Adrien s'est peut-être résigné, reportant une fois encore ses espoirs sur Robert. Chez un homme comme lui, l'exigence d'une carrière pour Marcel s'en trouvait décuplée.

Le père d'Adrien était épicier à Illiers, un gros bourg cerné par les blés, du côté de Chartres. Marcel y viendra en vacances, tout heureux de retrouver sa chambre, l'église et les longues séances de lecture. Mais Adrien, lui, veut fuir cet endroit sans avenir.

L'embourgeoisement naît parfois d'une rébellion. Rompant avec la tradition familiale, le boursier du collège de Chartres quitte la Beauce pour Paris et devient le Dr Proust, au terme d'un parcours méritoire commencé sous le Second Empire et poursuivi sous la Troisième République. Chef de clinique et agrégé de médecine à trente-trois ans, auteur d'un grand nombre d'ouvrages et de publications dont un mémoire sur le ramollissement du cerveau et son fameux *Traité d'hygiène publique et privée*, ce boulimique de travail et de distinctions devient membre de l'Académie de médecine, inspecteur des services d'hygiène, titulaire de la chaire d'hygiène de la faculté de médecine de Paris et commandeur de la Légion d'honneur. Quelques jours seulement avant la chute de l'Empire, l'impératrice Eugénie lui remet le ruban rouge des chevaliers. Il prendra du galon sous la République.

À cette époque, la médecine devient une science expérimentale. C'est une affaire sérieuse. La discipline d'Adrien est en plein essor après les épidémies de choléra qui ont ravagé la France. Les maladies suivent des routes qu'il faut découvrir pour protéger la population. Le choléra vient d'Inde, l'Égypte sera le rempart de l'Europe et des postes de police sanitaire seront installés dans les ports du Moyen-Orient. Le Dr Proust trouve les mots pour convaincre les hommes politiques. Il est de toutes les missions officielles, en Russie, en

Turquie, en Perse. Dans les conférences internationales, il parle au nom de la France et plaide pour un cordon sanitaire malgré les réticences de l'Angleterre qui défend la liberté du commerce international. Entre deux voyages, il écrit, il publie.

Son emploi du temps surchargé ne le tient pas à l'écart des salons. On aime accueillir les médecins et être reçu par eux. Certains praticiens sortent si souvent qu'on en viendrait à se demander s'ils n'ont pas un frère jumeau. La palme de l'ubiquité revient au Dr Pozzi, médecin mondain ou mondain médecin, on ne sait plus trop, que Marcel verra souvent chez ses parents et auquel il doit son premier «dîner en ville». Il finira, le pauvre, assassiné par l'un de ses patients, un dément soigné sans succès semble-t-il. Adrien Proust ne néglige pas non plus cet aspect de sa carrière. Les mondanités font partie du métier. Pour un praticien de son envergure, les compétences médicales ne suffisent pas, il faut savoir se ménager des appuis. Le Dr Proust doit sa réussite à son travail, certes, mais aussi à son sens politique. En revanche, on dit qu'il n'a pas le sens de l'humour. Assez tout de même pour se retrouver médecin chef de l'Opéra-Comique où il ausculte volontiers les jeunes danseuses. S'il a des aventures, ce républicain catholique non pratiquant n'est pas dandy pour un sou. C'est un ambitieux servi par une immense capacité de travail. Marcel s'en inspirera peut-être un jour mais, pour l'instant, le père et le fils sont bien dissemblables.

Tout comme les frères Proust d'ailleurs. Robert a deux ans de moins que Marcel. Enfants, ils se ressemblaient mais en grandissant, l'un est resté fragile, l'autre est devenu robuste. Sur les photographies, l'air protecteur de l'aîné s'est estompé à mesure que son frère gagnait en maturité. Robert commencera bientôt ses études de médecine et se laissera pousser la barbe. Tout le portrait de son père.

On a dit que Marcel enviait son frère. Pourquoi cette fratrie échapperait-elle à la loi commune? Marcel aimerait avoir la réussite scolaire et la santé de Robert; il parle d'une jalousie maladive qui s'empare de lui pour un rien. L'affection que leur père porte à Robert attise cette jalousie. Celle de leur mère aussi même si le moins que l'on puisse dire est que Marcel n'est pas en reste. Mais leurs différences de goûts et de caractères ne privent pas les deux frères d'une grande affection l'un pour l'autre, mélange de tendresse et d'admiration réciproques. Plus tard, Marcel dédicacera *Les Plaisirs et les Jours* à Robert en citant Corneille: «Ô frère plus chéri que la clarté du jour.» Tous les deux prendront fait et cause pour Dreyfus quand l'Affaire éclatera, tandis que leur père, couvert d'honneurs, proche de Félix Faure devenu entre-temps président de la République, sera trop soumis à l'ordre établi pour les suivre. Et c'est Robert qui, longtemps après, veillera aux corrections et à la publication d'une œuvre dans laquelle il n'apparaîtra pourtant pas.

À l'approche de ses vingt ans, Marcel a chez lui deux modèles masculins auxquels on le presse de se conformer et il ne trouve pas en sa mère l'alliée sur laquelle il aimerait pouvoir compter.

Jeanne Proust porte encore le deuil de sa mère. Le noir prévaudra pendant des mois, avant un timide retour du gris et du violet. À quarante ans passés, sa silhouette et ses traits sont toujours fins. Ses cheveux noirs tenus en arrière par un chignon ajoutent à la rigueur de ses habits sombres. Jeanne a ces yeux bien arrondis dont Marcel a hérité. Sans être coquette, elle s'impose un maintien digne en toutes circonstances. Quand l'âge aura empâté son visage, elle fera retoucher ses photographies pour en effacer les cernes et les rides.

Jeanne admirait sa mère autant qu'elle l'aimait. Depuis la mort d'Adèle, elle lui ressemble de plus en plus. Cette disparition accentue leurs traits communs. On dirait que la fille supporte mal d'être une autre que sa mère. Elle marche sur la plage de Cabourg et lit les *Lettres* de Mme de Sévigné, comme le faisait Adèle. Son chagrin laisse néanmoins une place aux soucis que lui cause Marcel. Entre la mère et le fils, amour rime avec inquiétude. La vie que mène Marcel préoccupe Jeanne. Elle lui soumet des questionnaires de santé qu'il devance parfois en l'entretenant spontanément de sa digestion ou de son sommeil ; un jour, il lui écrit que son « estomac est divin », un autre, qu'il a la « bouche infecte au réveil ». Lorsqu'il est en vacances, hors de portée, elle le met en demeure : « [...] je réclame absolument du calme, du régime, des heures de solitude, le refus de participer aux excursions [...]. Ne pourrais-tu pas aussi mon chéri [...] me dire : levé à – couché à – heures d'air – heures de repos – [...]. » Elle s'inquiète également de ses fréquentations. Marcel répond souvent à ses questions inquisitrices par des aveux. Ces confessions filiales apaisent Jeanne pour un temps, puis elle recommence de plus belle. Elle aimerait tant lui inculquer l'ordre et la discipline. Il se fatiguerait moins.

À sa façon, elle pousse aussi Marcel à choisir une carrière. Même s'il aspire à des choses plus élevées, une profession lui imposerait des horaires et un mode de vie compatibles avec sa santé. Ce serait surtout la preuve qu'il a enfin trouvé la volonté dont il manque si cruellement. Cet été, quand il était encore à la caserne, elle y a fait allusion dans une de ses lettres. Jeanne évoquait le fils d'une amie qu'elle jugeait d'une « indécision enfantine » dans le choix de son futur métier.

Marcel refuse toute idée de carrière. Il voudrait « vivre près de tous ceux qu'[il] aime, avec les charmes de la nature, une quantité de livres et de partitions et, pas loin, un théâtre français ». Sa mère a beau s'être convertie aux métiers pratiques, c'est elle qui lui a donné le goût des lettres et fait encore son miel de leurs références littéraires communes qu'Adèle ne partage plus avec eux.

Chez les Weil, la famille de Jeanne, les conversations étaient de bonne tenue ; on discutait peinture, musique, littérature ou politique, même pendant les repas, et on le faisait avec humour. Les parents voulaient pour leurs enfants la meilleure éducation, quitte à s'attacher les services de précepteurs. Jeanne parlait anglais et allemand alors que les lycées n'ont été ouverts aux jeunes filles qu'en 1880. Il fallait développer la curiosité de Georges et de sa sœur, leur donner le goût des voyages et une culture qui ne fût pas dominée par la religion. Sans oublier le respect des principes moraux. Nathé laissait à son épouse le soin d'y veiller. Il y voyait une responsabilité de femmes, au même titre que la tenue de la maison. Adèle, fine et gentille au point de se laisser souvent taquiner par la famille, femme cultivée, excellente pianiste et fidèle lectrice de Mme de Sévigné, était aussi une bonne épouse.

Bon sang ne saurait mentir. Au lycée Condorcet, Marcel arrivait en avance le matin pour parler littérature avec ses camarades avant la classe. Fervent admirateur de Baudelaire et de Racine, il lisait aussi, comme ses amis, Barrès, France, Renan et Maeterlinck. Ni premier de classe, ni cancre, il se distinguait en français, en latin, en grec et en histoire.

Ce lycée accueillait les jeunes bourgeois aisés de la rive droite tandis que les grands établissements de la rive gauche attiraient des provinciaux montés à Paris, avides d'intégrer les grandes écoles pour améliorer leur condition sociale. On développait plus facilement un réseau de relations parisiennes et mondaines à Condorcet, activités que Marcel préférait aux mathématiques. La discipline y était aussi moins stricte qu'à Louis-le-Grand, Henri-IV ou Saint-Louis. Les humanités passaient avant les notes de conduite ; l'épanouissement des élèves par la culture prenait le pas sur le reste. Parfois écrivains eux-mêmes, les professeurs cherchaient à faire aimer la littérature à ces jeunes esprits plutôt qu'à leur remplir le crâne de connaissances. On formait les élèves à écrire et à s'exprimer en public. C'est une chance que la famille Proust se soit installée dans le voisinage de Condorcet. Marcel y a été plus heureux qu'il ne l'aurait été dans un lycée traditionnel.

Alphonse Darlu, professeur de philosophie, traquait les lieux communs, les métaphores convenues, les descriptions trop vagues et les pensées toutes faites. Il était de petite taille mais haut en couleur avec son accent du Sud-Ouest. Sa barbe cachait difficilement les sourires qui accompagnaient ses sarcasmes. Les moutons de Panurge et les fruits secs dont on ne peut pas tirer la moindre remarque personnelle en prenaient pour leur grade. Ce professeur exigeant prisait peu les cours magistraux. Il préférait amener ses élèves à formuler par eux-mêmes une pensée, quitte à les laisser s'exprimer entre eux, chose rare à l'époque. Les méthodes d'enseignement pratiquées à Condorcet n'étaient pas toujours du goût de l'académie. Maxime Gaucher, professeur de français très apprécié par Marcel, n'appliquait pas non plus à la lettre les consignes de son administration ; l'inspecteur général Manuel lui reprochait une « liberté de doctrine, qui frise parfois le scepticisme littéraire et encourage prématurément l'émancipation intellectuelle des élèves ».

Darlu poussait Marcel à penser par lui-même, Gaucher lui prodiguait ses bienveillants encouragements. Le jeune Proust ne s'entendait cependant pas aussi bien avec tous ses professeurs. M. Cucheval jugeait l'élève « inégal et fantaisiste » en latin. Des années plus tard, Marcel s'offrira une petite vengeance dans sa description du salon de la princesse de Polignac. Lors d'une réception, l'huissier demande au maître de maison : « Ce monsieur dit qu'il s'appelle M. Cucheval, faut-il l'annoncer tout de même ? » On ne croise pas impunément le fer avec un génie en herbe.

Qu'il soit ou non apprécié par eux, Marcel jugeait ses professeurs d'égal à égal. Ainsi, en 1888, il donnait

33

à son ami Robert Dreyfus, qu'il précédait d'un an à Condorcet, quelques conseils à propos de ses futurs maîtres. Marcel distinguait soigneusement la qualité du cours de l'attitude personnelle du professeur, y compris pour Cucheval. Son verdict sérieusement motivé était aux antipodes des commentaires rigolards habituels.

Malgré des absences répétées dues à la maladie, c'est aussi à Condorcet que Marcel a fait ses premières armes d'écrivain avec *La Revue verte* et *La Revue lilas*, au sein d'un petit cercle d'amis férus de lettres. De dissertations en articles, son goût pour la littérature s'est affirmé un peu plus à chaque rentrée scolaire à tel point qu'il ne voit pas désormais ce qu'une « carrière » pourrait lui apporter. Non, vraiment, hormis l'écriture et les sorties, il n'a envie que de se laisser vivre.

Cette vie en pente douce l'attire d'autant plus qu'il n'a pas besoin de travailler. La famille de Jeanne est aussi aisée que cultivée. Sans être les Rothschild ou les Fould, les Weil sont de bonne bourgeoisie. Du côté maternel, la famille de Marcel fourmille de personnalités attachantes. Veuf sans enfants, son grand-oncle n'est pas resté longtemps inconsolable. Son prénom est Lazare mais il préfère Louis. Après avoir dirigé une fabrique de boutons, il s'est consacré aux actrices, aux cantatrices et aux jolies femmes en général dont il garde les photographies. Ce rentier libertin allergique au conformisme bourgeois jouit d'un grand prestige auprès de son petit-neveu. Il y a aussi Georges, le frère de Jeanne, un magistrat qui peut rater son autobus pour le palais de justice parce qu'il est en pleine conversation avec Marcel. Le grand-oncle de Jeanne, Adolphe Crémieux dont le prénom, Isaac, a été francisé, demeure également une figure familiale. Jeune avocat, il a refusé de prêter cet humiliant serment exigé des Juifs qui devaient jurer sur la Bible : « Dans le cas où en ceci j'emploierais quelque fraude, que je sois éternellement maudit, dévoré et anéanti par le feu où périrent Sodome et Gomorrhe […]. » Le tribunal lui a donné raison et cette pratique a été abolie par la suite. Son métier d'avocat l'a naturellement mené à la politique. La révolution de 1848 lui a valu le portefeuille de la Justice dans le gouvernement provisoire. Il a fait abolir la peine de mort en matière politique et la prison pour dettes. C'est encore lui qui, en 1870, a donné la citoyenneté française aux Juifs d'Algérie. Son épouse, sa chère Amélie, tenait un salon que fréquentèrent Victor Hugo, Lamartine et Musset, Rossini, Auber et Halévy. De quoi faire rêver Marcel. La famille compte même dans ses rangs, à un degré certes éloigné, un certain Karl Marx. Mais l'ancêtre, l'artisan de la fortune des Weil, c'est Baruch, le grand-père de Jeanne. Sa fabrique de porcelaine a enrichi la famille pour des générations et lui a permis de prendre pied sur cette terre de France qui reconnaît aux Juifs la citoyenneté depuis 1791. Son fils Nathé a si bien fait fructifier la fortune qu'il s'est déclaré rentier. C'est désormais lui le patriarche. Amateur de livres et de musique, il est à la fois le confident et le banquier de son petit-fils. C'est à lui que Marcel donne du « mon chéri » dans ses lettres et annonce son résultat à la première partie du bac. C'est encore à lui qu'il demande à quinze ans un abonnement à *La Revue bleue*. Nathé initie même Marcel aux spéculations boursières ; l'élève sera moins doué avec l'argent qu'avec les lettres.

Dans la famille, seul Nathé réussira dans la finance, une activité mal vue par ceux, nombreux, qui haïssent les Juifs, même lorsqu'ils se font appeler « Israélites ». La citoyenneté n'empêche pas les préjugés. Zola qui, en 1896, avant même son « J'accuse », prendra la défense des Juifs dans un article, sacrifiant à la fois sa collaboration avec *Le Figaro* et son élection à l'Académie française, Zola que l'on ne saurait soupçonner d'antisémitisme écrivait, à propos de la finance : « C'est un métier de Juif, il y faut une construction particulière de la cervelle, des aptitudes de race. » Et un républicain modéré nommé Adrien Proust décrétait dans son *Traité* : « C'est à la race blanche et au rameau aryen qu'appartient la suprématie définitive. Mieux doués que les autres, ils sont victorieux de la lutte pour l'existence. C'est entre les différents rameaux aryens que le combat sévère pour l'existence s'accuse de plus en plus. L'avenir seul décidera lequel de ces rameaux – latin, germanique ou slave – est le plus vigoureusement trempé pour le combat et saura s'assurer la victoire. » C'était, pour lui, une certitude parmi d'autres.

La famille d'Adrien paraît bien pâlotte à côté des Weil. L'alliance était improbable. Un ami des Proust a relevé que le marié avait pour témoins deux frères dont l'un était médecin et l'autre, agent de change. Des relations professionnelles ont peut-être présidé à cette union. Le mérite catholique provincial et la fortune juive parisienne vont pourtant faire bon ménage. Les mariages mixtes sont rares mais ni Adrien, ni sa future belle-famille ne sont pratiquants. Jeanne n'a pas besoin de se convertir, le baptême des enfants suffira.

Pour Nathé, ce professeur de médecine est un gage de respectabilité. Sans compter que l'Empire bat de l'aile ; les attaches républicaines et laïques d'Adrien Proust pourraient être utiles. Nathé a du flair et le sens du tempo : Adrien et Jeanne se marient le 3 septembre 1870, le lendemain de la défaite de Sedan qui signe l'effondrement du régime. Adrien a trente-six ans, Jeanne en a vingt et un. C'est un mariage civil, sans prêtre ni rabbin.

La famille du marié n'assiste pas à la cérémonie. On dirait que la percée prussienne cloue les Proust à Illiers. Cette union avec une juive ne serait-elle pas surtout vue d'un mauvais œil ? La famille Proust est enracinée dans la Beauce depuis des siècles alors que ces Weil, on ne sait pas trop d'où ils viennent. À moins que les Proust ne soient intimidés par un milieu trop bourgeois pour eux. Tant pis. Adrien n'a pas l'intention de croupir à Illiers, il a des fourmis dans les jambes. Marcel naît dix mois plus tard.

Une carrière brillante, une femme riche et bien éduquée, un fils, quel bel exemple de réussite donne Adrien ! De son côté, Jeanne poursuit l'ascension sociale de sa famille en déplaçant vers l'Ouest parisien son centre de gravité. Baruch habitait à République, Nathé dans le faubourg Poissonnière, repaire de financiers mais aussi haut lieu des spectacles que prise tant la famille. Jeanne s'installe dans les nouveaux quartiers de Saint-Augustin dont le dôme est élevé peu avant la naissance de Marcel.

Mais le pays va mal. La Commune et sa répression font de Paris un endroit dangereux. L'oncle Louis habite Auteuil dont on parle encore comme d'un village bien qu'il soit rattaché à la capitale depuis 1859. Adrien y envoie sa famille pour la mettre à l'abri. Ce choix aurait pu être fatal car Auteuil sera lourdement bombardé par le gouvernement retranché à Versailles pendant la Commune. Les conditions de vie difficiles et les privations que subit Jeanne pendant sa grossesse ne seraient pas étrangères à la constitution fragile de Marcel. Cet enfant naît sous le signe de l'inquiétude.

Ses parents voulaient voir dans son baptême l'annonce d'une vie en ligne droite que jalonneraient une communion, un mariage, une carrière et des enfants. Pour la communion, ils avaient raison. Ils sont moins sûrs du reste maintenant que leur fils a dix-neuf ans. En fait de carrière, Marcel choisirait volontiers cette oisiveté suave que la fortune familiale met à portée de main. Mais l'aisance financière de ses parents le place d'abord sous leur dépendance. Or chez les Weil comme chez les Proust, la fortune et la réussite sont trop récentes pour avoir fait passer le goût du travail. Adrien et Jeanne refusent que Marcel se laisse aller, aussi fragile soit-il. N'est-ce pas le rôle des parents de s'opposer aux velléités artistiques de leurs enfants? La littérature, la musique, la peinture, tous ces métiers qui n'en sont pas sont tellement incertains. On y crie misère. Ceux qui écoutent les sirènes le regrettent toute leur vie. Et il faut une telle volonté pour réussir. Or les parents de Marcel savent bien que la volonté n'est pas son fort.

La licence de lettres qui avait ses faveurs n'est pas à l'ordre du jour. Marcel s'inscrit à contrecœur à l'École libre des sciences politiques et, avec moins d'enthousiasme encore, à la faculté de droit. C'est un repli, pas une défaite. Le meilleur moyen d'échapper à une carrière est encore de gagner du temps. Le service militaire lui a valu un répit d'un an. Aussi ennuyeuses soient-elles, ces études prolongent son sursis. Marcel a trois ans devant lui pour convaincre ses parents de sa vocation littéraire. Et Paris est bien plus amusant qu'Orléans!

Odéon, Folies-Bergère, Alcazar… Marcel se lance dans les études à corps perdu. Il sort tout le temps et quitte les réceptions si tard qu'un de ses hôtes, un jour, le prendra par l'épaule et lui dira : «Ces gens ont envie de se coucher.» Le théâtre, la musique, la peinture, le music-hall, la mode, la littérature, tout l'intéresse. À peine rentré d'Orléans, il collabore activement au *Mensuel*, une nouvelle revue politique, culturelle et mondaine. Il s'essaie avec brio à la critique pour laquelle il a très tôt montré des dispositions ; au lycée, sa dissertation sur Corneille et Racine avait impressionné M. Gaucher. Le nouveau venu signe ses textes de ses initiales ou de noms fantaisistes comme «Étoile filante», «Bob» ou «Fusain». Il brocarde la poésie savante et n'hésite pas à s'en prendre à un critique de théâtre renommé avant de publier allégrement un poème où flottent des yeux «indifférents, langoureux et mystiques». Ce sont sans doute les yeux d'un homme.

Cette première année d'études marque ses véritables débuts dans le «monde». Les mères de ses amis sont ses premiers soutiens. Dans leurs salons, elles reçoivent le faubourg Saint-Germain et la haute bourgeoisie. Ces deux milieux se frôlent mais ne se mélangent pas. Dans un salon bourgeois, la politesse d'un aristocrate est aussi démesurée que l'abîme qui le sépare des roturiers. La déception du bourgeois qui espère ensuite une invitation de cette personne aux si belles manières n'en est que plus grande. Pourtant, s'il était attentif, il remarquerait que ce noble est venu sans son épouse ; le bourgeois est reçu avec lui, pas chez lui. Il pourra le côtoyer toute sa vie sans être jamais admis dans son cercle, avec pour seule consolation la pensée que cet homme inaccessible rêve lui-même de cénacles plus exclusifs encore. Malgré tout, c'est pour Marcel un joli début dans ce monde encore mystérieux où tout l'enchante, les noms, les conversations et les toilettes que portent les dames.

Chez Mme de Caillavet, il a rencontré Anatole France qu'il lit le samedi dans *Le Temps* depuis l'âge de quinze ans et dont il vénère tous les livres. Marcel a été déçu lorsqu'il a vu pour la première fois cet homme à la barbiche noire, au cheveu ras et au léger bégaiement. Celui qu'il rêvait en «doux chantre aux cheveux blancs» n'a pas le physique de son œuvre. Mais dans quelques années, quand ils mèneront le combat pour Dreyfus, Marcel retrouvera l'admiration des premiers temps : «[...], vous vous êtes mêlé à la vie publique d'une manière inconnue à ce siècle, [...], non pas pour vous faire un nom, mais quand vous en aviez un, pour qu'il fût un poids dans la Balance de la Justice.»

Bouclée, les yeux bleus, Mme de Caillavet est une belle femme d'une quarantaine d'années. Elle reçoit des aristocrates mais elle préfère la compagnie des écrivains et des hommes politiques. Dumas fils, Heredia et Anatole France retrouvent chez elle Clemenceau et Poincaré. Elle accueille aussi des peintres, des acteurs, des avocats et des médecins comme l'omniprésent Pozzi. Les grands absents sont les musiciens. La maman de Gaston n'aime pas la musique. Elle s'appelait Léontine Lippmann avant d'épouser Albert Arman. Cet homme fortuné a embelli son nom de celui de sa mère et Léontine Lippmann est devenue Mme Arman de Caillavet, puis Mme de Caillavet tout court. Ce cher Albert est un homme enjoué que sa femme mène par le bout du nez. On le remarque à sa façon maladroite de se mêler aux conversations des invités. La liaison de Léontine avec Anatole France n'assombrit pas sa bonne humeur. Il se contente de taquiner l'écrivain à propos de son talent et, quand il croise un nouveau venu dans le salon, il déclare aussitôt : « Je ne suis pas Anatole France » ou s'amuse de cette formule : « Je suis le Maître… de la maison. » Puisque le mari prend si bien les choses, France voit sa maîtresse tous les jours. Mais lorsqu'elle reçoit, il quitte la bibliothèque où il s'était enfermé pour écrire et entre par la porte principale comme s'il passait à l'improviste. Les apparences sont faites pour être sauvées.

Marcel est aux premières loges pour observer ce ménage à trois, les portes du salon de l'avenue Hoche lui sont grandes ouvertes. Son charme et sa conversation le distinguent de ces « ennuyeux » que fuit Mme de Caillavet.

De son côté, Jacques Bizet présente Marcel à sa mère qui reçoit le dimanche à son domicile. Geneviève Straus est la fille de Fromental Halévy, le compositeur de *La Juive* qui a connu un beau succès. Elle a épousé l'un des élèves de son père, Georges Bizet, emporté prématurément par une crise cardiaque après l'échec de *Carmen*. Le portrait par Delaunay de la jeune veuve aux yeux noirs a été très remarqué. Le peintre Degas lui a demandé la permission de la regarder se peigner les cheveux.

Après la mort de son mari, Geneviève s'est enfermée dans son appartement. Elle ne voulait plus voir personne. Cinq ans plus tard, elle est sortie de sa retraite. Les prétendants ont accouru : son cousin Ludovic Halévy, Meilhac, Maupassant, Bourget, Reinach. Cette femme aux traits un peu masculins séduit les artistes mais c'est Émile Straus, l'avocat des Rothschild, qui l'a emporté à la surprise générale. « C'était le seul moyen de m'en débarrasser », dit Geneviève.

Émile ne regarde pas à la dépense. Les toilettes et les succès mondains de cette épouse inespérée méritent bien quelques sacrifices. Mme Straus est une figure de la vie parisienne, elle doit tenir son rang. Son salon a quitté la rue de Douai pour l'angle de l'avenue de Messine et du boulevard Haussmann. La maîtresse des lieux est spirituelle, ses bons mots font le tour de Paris. Certains lui ont même survécu. Un jour que Gounod jugeait « octogone » un passage de Massenet, elle a rétorqué : « J'allais justement le dire. » Geneviève a cet « esprit Halévy », pétillant et acidulé, qui séduit tant Marcel. Un jour, il lui écrira, parlant de la duchesse de Guermantes : « Tout ce qui dedans est spirituel, est de vous. »

Charles Haas est un habitué du salon. Seul israélite à être membre du Jockey-Club, cet homme élégant et svelte aux manières irréprochables éblouit Marcel qui le connaît peu et souffre d'en être ignoré. À l'abri de sourcils fortement arqués, le regard du mondain diffuse sans effort un immense dédain. Proust lui accordera néanmoins une seconde vie, celle de Charles

Swann, amateur d'art cultivé, doué mais paresseux, incapable d'achever son ouvrage sur Vermeer tant il est absorbé par les plaisirs mondains, la séduction des femmes et son amour jaloux pour Odette de Crécy.

Le manque de volonté est aussi un danger pour le jeune Marcel mais il ne s'en soucie guère pour l'instant. Et puis, de la volonté, il en a suffisamment pour faire ce qui lui plaît. Pour l'heure, il est en pleine ascension et enrage contre ceux qui, ayant atteint les sommets du «monde», pourraient lui tendre la main mais ne le font pas. Il écrira dans *À la recherche du temps perdu*, plein d'amertume : «[…], cher Charles Swann, que j'ai si peu connu quand j'étais encore si jeune et vous près du tombeau, c'est déjà parce que celui que vous deviez considérer comme un petit imbécile a fait de vous le héros d'un de ses romans, qu'on recommence à parler de vous et que peut-être vous vivrez.» La mémoire qui réveille les sensations enfouies entretient aussi la rancune.

Tant pis pour Haas, Marcel se débrouillera sans lui. L'élégance, le charme et l'esprit de Mme Straus le ravissent. Il la couvre de chrysanthèmes et l'invite à l'Odéon avec son fils pour aller voir Réjane. Il retrouve ainsi Jacques, tout en courtisant une femme, sans craindre une relation amoureuse en raison de leur différence d'âge. En plus, on dit du salon de Mme Straus, en référence à un cabaret de Montmartre renommé: «Le faubourg Saint-Germain y va comme au Chat Noir et le Chat Noir comme au faubourg Saint-Germain.» Quel tremplin pour un jeune amoureux du Faubourg!

Sa rencontre avec la princesse Mathilde dont il tire une chronique pour *Le Figaro* le comble de joie. Cette dame âgée parle à Marcel de Flaubert et de Mérimée qu'elle retrouvait parfois dans le salon d'Amélie Crémieux, son arrière-grand-tante. La nièce de Napoléon a mille et une façons de rappeler sa parenté avec l'Empereur. À une dame du faubourg Saint-Germain qui lui parle de la Révolution française, elle réplique: «Sans elle, je vendrais des oranges dans les rues d'Ajaccio!» En 1896, elle déclinera l'invitation officielle à se rendre au tombeau des Invalides à l'occasion de la visite du tsar par ces mots: «J'ai mes clefs.»

Marcel fréquente aussi Mme Aubernon qui reçoit deux fois par semaine. Le Faubourg dédaigne cette femme potelée. Il faut dire que ses opinions politiques donneraient presque aux aristocrates l'envie d'émigrer une nouvelle fois; elle est tellement républicaine qu'on la surnomme la «précieuse radicale».

Les soirées de Lydie Aubernon sont toujours précédées d'un dîner de douze personnes auxquelles le sujet de conversation est annoncé à l'avance; que l'on s'en éloigne et l'amphitryon agite frénétiquement sa sonnette pour rappeler à l'ordre ses convives. Le week-end, elle accueille ses hôtes à Louveciennes dans sa maison de campagne, le Cœur-Volant. Les invités, venus en train de la gare Saint-Lazare, descendent des wagons en tenue de soirée, sous les regards ébahis des habitants, avant de monter dans les victorias envoyées par leur hôtesse.

Le premier dîner chez Mme Aubernon est toujours un examen. Ceux qui manquent de conversation sont bannis mais un « dîner de pardon » leur offre parfois une seconde chance. Les autres acquièrent droit de cité tel Marcel qui « dîna très bien » comme en témoigne le verdict de l'exigeante hôtesse : « Les mots de Marcel sont définitifs. » Ce charmant jeune homme a d'ailleurs un double mérite. Mme Aubernon et Mme de Caillavet sont rivales. Rares sont ceux qui sont en bons termes avec les deux. Elles étaient amies autrefois, ce qui avive leur rancœur. Mme de Caillavet a fréquenté le salon de Mme Aubernon avant d'ouvrir le sien en débauchant au passage Dumas fils et, surtout, Anatole France auquel, dit-on, elle a donné l'ambition et la confiance en lui dont il manquait pour devenir un grand écrivain.

Marcel étoffe inlassablement ses relations. Edgar Aubert, un jeune Suisse élégant et cultivé qu'il a connu grâce à Robert de Billy et qu'une crise d'appendicite emportera bientôt, l'initie à la haute société genevoise.

Pour sa part, Robert de Billy guide son ami dans les arcanes de la société protestante française.

Son propre cercle familial est mis à contribution. Les liens tissés depuis des générations avec d'autres familles comme les Halévy favorisent l'essor mondain de Marcel. Il profite aussi des dîners que donne son père dont les relations, insuffisantes pour rassasier le jeune Proust, méritent néanmoins d'être exploitées. Le Dr Proust connaît des hommes politiques, des diplomates et, bien sûr, des médecins qui ont leurs entrées dans la société. En revanche, la rencontre avec Henri Bergson, dont Marcel est le jeune cousin par alliance, sera décevante. Les deux hommes ne se comprennent pas vraiment, peut-être parce qu'ils chassent sur les mêmes terres. Son entrevue avec Oscar Wilde qui séjourne à Paris ne sera pas plus concluante.

En septembre 1891, Marcel passe un peu de temps à Cabourg. Sa santé s'accommode de l'air marin. Il aime le mouvement et les couleurs de la mer. Enfant, il venait ici avec sa grand-mère maintenant disparue. Les souvenirs le submergent. Ce chagrin à retardement est encore plus vif que celui éprouvé à la mort d'Adèle. Dans une lettre à sa mère, il écrit : «Quelle différence avec ces années de mer où grand-mère et moi, fondus ensemble, nous allions contre le vent, en causant. »

À la fin du mois, ses amis, les Baignères, l'invitent dans leur villa des Frémonts. Les bains de mer sont à la mode depuis la Monarchie de Juillet et l'on se retrouve entre soi sur les hauteurs de Trouville. La « petite bande » réunit Marcel, Jacques Baignères, Louis de La Salle, Robert de Billy, Fernand Gregh, Jacques Bizet. Mme Straus, qui séjourne également là-bas, emmène Marcel aux courses, et Jacques-Émile Blanche, portraitiste des gens du monde et des artistes, grand habitué des lieux, fait de lui une esquisse au crayon.

Pendant sa deuxième année d'études, Marcel fonde une revue avec des amis. Ce sont presque tous des anciens du lycée Condorcet. Le choix du nom leur vaut un long débat. Ce sera *Le Banquet*. Dans le premier numéro, ils avertissent leurs lecteurs qu'ils adopteront « les doctrines anarchiques les plus subversives ». Qu'on se rassure, ces jeunes gens bien comme il faut ne sont pas des lanceurs de bombes. Ils se veulent juste éclectiques et fidèles à la tradition française que malmène le symbolisme. Marcel ne pouvait pas rêver mieux. Vive l'éclectisme ! Dans ses articles, il traite du snobisme féminin comme de l'oubli. Ses amis regimbent lorsqu'il leur tend un texte de plus sur des femmes du monde écrit dans un style un peu décadent. Ils le trouvent bien snob avec ses académiciens et ses duchesses. Et ses critiques sont par trop complaisantes quand l'auteur est un ami de Mme Straus. Marcel les entend mais ne les écoute pas.

« Un jour vient où nous comprenons que demain ne saurait être tout autre qu'hier, puisqu'il en est fait. » Quoi qu'en pensent ses amis, Marcel esquisse déjà des thèmes qui ne le quitteront plus. Voici comment il voit Mme de Chevigné, une femme du monde qui lui fait une vive impression : « Sa tête aussi est un peu d'un oiseau, si large du front à la nuque blonde ; plus encore ses yeux perçants et doux. Souvent, au théâtre, elle est accoudée sur le bord de sa loge ; son bras ganté de blanc jaillit tout droit, avec la fierté d'une tige jusqu'au menton, appuyé sur les phalanges de la main. Son corps parfait enfle ses coutumières gazes blanches comme des ailes reployées. On pense à un oiseau qui rêve sur une patte élégante et grêle. »

À leur insu, les amis de Marcel assistent à la naissance d'une duchesse et, avec elle, de toute une dynastie. Un jour, ils reconnaîtront un Guermantes à son profil busqué, à son grain de peau, à sa chevelure et, surtout, à son esprit plein d'ironie et de mépris pour les choses réputées graves.

51

La fermentation commence à peine. Dans quelques années, leur ami Proust aura distillé les impressions que crée sur lui la comtesse de Chevigné. La duchesse de Guermantes apparaîtra au grand jour, proche de son modèle sans être tout à fait la même : « [...] la duchesse n'avait dans les cheveux qu'une simple aigrette qui, dominant son nez busqué et ses yeux à fleur de tête, avait l'air de l'aigrette d'un oiseau. Son cou et ses épaules sortaient d'un flot neigeux de mousseline sur lequel venait battre un éventail en plumes de cygne [...].» Elle subjuguera le narrateur de la *Recherche*: «[...] la duchesse, de déesse devenue femme et me semblant tout d'un coup mille fois plus belle, leva vers moi la main gantée de blanc qu'elle tenait appuyée sur le rebord de la loge [...].» Pour l'instant, Marcel se contente de vivre. Qui pourrait en vouloir à ses amis de ne pas tout deviner, à part lui, peut-être, qui voudrait qu'ils l'aiment plus?

Marcel va souvent au musée de Cluny ou au Louvre avec Robert de Billy pour admirer les peintres cités par Baudelaire dans *Les Phares*: «Rubens, fleuve d'oubli, jardin de la paresse.» Les amis de Marcel ne sont peut-être pas devins mais ils ne sont pas aveugles. Son talent pour la critique d'art ne leur échappe pas. Dans chaque tableau, il met au jour des choses qu'eux ne voient pas. Entre deux visites, il écrit des poèmes. L'un de ses amis, futur diplomate, reçoit ces vers: «En tes cheveux revit l'automne/[...] Mais le printemps mystérieux/[...] Revit aussi dans ta personne/ C'est le pâle or vert de tes yeux.»

Sa première nouvelle est dédiée à Anatole France. Comme s'il voulait chasser ses démons, il inscrit en

exergue une citation de l'*Imitation de Jésus-Christ*:
«Ayez peu de commerce avec les jeunes gens et les
personnes du monde [...]. Ne désirez point de paraître
devant les grands.» Marcel pressent peut-être que
son souci de plaire et la vie qu'il mène le conduisent
dans une impasse. Les personnages manquent de
substance mais certains thèmes qui lui sont chers se
détachent sur fond d'autocritique de sa propre vie.
Comme lui, l'héroïne de *Violante ou la mondanité*
n'a pas de volonté. Convaincue que seule la souf-
france mène à l'amour, Violante se noie dans la vie
mondaine après qu'un jeune homme lui a fait
connaître le plaisir et la honte.

Et vos études, Marcel, où en êtes-vous? Marcel?
Il avait la tête ailleurs. Marcel répond poliment mais
il déteste le droit. Cette matière est trop aride pour
lui. Autant faire pousser des fleurs sur la lune. Et puis
le milieu juridique l'ennuie, il ne s'y fait pas d'amis.
Les seules lois qui l'intéressent sont psychologiques
et sociologiques. Il préfère d'ailleurs les découvrir
lui-même, attentif à ceux qui l'entourent, à leurs
défauts, à leurs qualités, à leurs mobiles avoués ou
secrets, à ce qui les rapproche ou les éloigne les uns
des autres. Il s'intéresse non seulement aux chapeaux
des femmes mais aussi à ce qu'il y a dessous.

Les sciences politiques l'attirent davantage que le
droit. Marcel et l'École libre des sciences politiques

ont le même âge. Après la défaite de 1870, il fallait former le personnel diplomatique pour éviter une nouvelle catastrophe. Les succès de Bismarck devaient beaucoup aux erreurs de Napoléon III. Sous la houlette des grands professeurs du moment, Marcel découvre les relations charnelles qu'entretiennent la France et l'Allemagne. Une logique historique, des lois en fin de compte, régissent les relations internationales. Et derrière tout cela brille le monde des diplomates bien que, si l'on y regarde de près, ces Barrère, ces Nisard, tous amis de son père, tiennent des propos tellement équilibrés et pesés, qu'on finit par ne plus savoir ce qu'ils pensent.

Bref, ces études qui perturbent un emploi du temps chargé avancent du mieux possible. À la fin de sa deuxième année, ses résultats en sciences politiques sont honorables mais il échoue en partie à ses examens de droit. Ses parents sont consternés. Ils ne devraient pourtant pas être surpris. Si Adrien n'est pas souvent là, Jeanne voit bien, elle, que Marcel ne passe pas ses soirées à potasser.

Ce demi-échec ne l'empêche pas de partir en vacances chez son ami Horace Finaly dont le père dirige la Banque de Paris et des Pays-Bas. Les Finaly ont invité Marcel à Trouville où ils retrouvent des amis de Paris. Marcel en profite pour rédiger une abondante correspondance et des textes pour *Le Banquet*. À la fin de l'été, les Finaly acquièrent auprès des Baignères la villa qu'ils leur avaient louée ; sans que personne le lui demande, Marcel s'entremet dans la transaction et reçoit une jolie canne en cadeau. Lui et la sœur d'Horace, la jolie Marie, auraient éprouvé une attirance mutuelle. Du moins Marcel en aurait-il donné l'impression. Si Marie avait le moindre espoir, il disparaît avec l'été.

Cette deuxième année d'études est celle de ses vingt ans. C'était un « très joli jeune homme [...], à l'ovale régulier, aux joues en fleur, aux paupières sur-baissées sur des yeux noirs qui semblaient déborder et voir par les côtés », se souviendra son ami Fernand Gregh. On évoque aussi un « jeune prince persan aux grands yeux de gazelle ».

Cette année-là, Jacques-Émile Blanche peint un portrait de Marcel, aujourd'hui exposé au musée d'Orsay. L'exercice s'annonce difficile. Blanche a face à lui « Marcel en habit, le plastron de chemise cabossé, les cheveux un peu dérangés, respirant mal, ses magnifiques yeux brillants et cernés par l'insomnie ». À trop vouloir ignorer la fièvre de Marcel, le peintre a restitué un jeune homme un peu figé derrière son plastron. Hormis l'orchidée à la boutonnière, tout est symétrie dans ce portrait, les sourcils et les moustaches, les revers de l'habit sombre et les triangles blancs du col cassé. Seule la raie qui sépare les cheveux et dont Marcel est si fier n'est pas tout à fait au milieu. Le regard est éteint.

On ne reconnaît pas le garçon à l'œil pétillant, toujours prêt à rire malgré sa santé fragile, qui se promène l'été à Trouville en veston à rayures, une cravate Liberty colorée autour du cou, le pantalon tire-bouchonnant, la redingote au vent et la canne à la main, qui sème ses gants gris perle partout et demande qu'on les lui renvoie avant d'en adresser quelques paires à ses bienfaiteurs en guise de remerciement. Le portrait peint par Blanche ne ressemble pas davantage au jeune homme dont la coiffure en brosse allonge et durcit le visage, ni à celui qu'Élisabeth Fould croise sur les Champs-Élysées, couvert de trois pardessus, ni à cet énergumène aux boutons de plastron dépareillés et dont les hauts-de-forme ont perdu leur tenue à force d'être frottés à rebrousse-poil. Blanche a peint un Marcel idéal.

Peu importe. Marcel aime ce tableau qui le suivra toujours et que ni le temps, ni la vie qu'il mènera ne changeront. Dans *Jean Santeuil*, un roman largement autobiographique auquel il s'attellera dans quelques années, il décrira ainsi le portrait du héros peint par La Gandara : « [...] le brillant jeune homme qui semblait encore poser devant tout Paris, [...] ses beaux yeux allongés et blancs comme une amande fraîche, […] sa mine lumineuse et fraîche comme un matin de printemps, […] sa beauté non pas pensante mais peut-être doucement pensive, […].» Après tout, le regard que l'on porte sur soi-même est tout aussi réel que celui des autres.

Marcel a beau être un dandy, il ne s'en tient jamais aux apparences, du moins chez les autres. C'est presque une maladie chez lui, une de plus, il faut toujours qu'il cherche ce que cachent les actes et les paroles. Il devine les mobiles des gens, son talent pour pénétrer leurs consciences est stupéfiant. Il peut quitter une personne le soir et lui écrire le lendemain une lettre dans laquelle il décortiquera ses paroles et ses silences avec une justesse étonnante. À défaut de génie littéraire, on lui trouve un «génie du soupçon». «C'est le Diable», dira de lui Alphonse Daudet.

Cette quête incessante complique ses relations avec ses proches. Jacques, Fernand, Daniel et les autres ont un ami susceptible qui, à force de tout analyser, donne au moindre incident des proportions ahurissantes. Robert Dreyfus raconte comment une broutille l'a occupé plus que de raison. Au lycée, Marcel s'était plaint de Daniel Halévy qui l'ignorait depuis quelques semaines. Daniel était sans doute excédé par les avances que Marcel lui faisait en même temps qu'à

Jacques Bizet. Pour calmer Marcel, en bon camarade, Robert Dreyfus a tenté de minimiser l'affaire. Cela lui a valu une longue lettre de son ami sur le caractère multiple de chacun. Le Marcel «romanesque» voulait oublier l'incident, le Marcel «défiant» soupçonnait Halévy de le trouver «collant». Collant, oui. Le pauvre Dreyfus s'était englué dans la rhétorique de Marcel.

Lorsqu'il était enfant, sa mère lui demandait ce qu'il voulait pour le jour de l'An. «Ton affection», répondait-il invariablement. Elle riait en lui promettant qu'il l'aurait de toute façon, en plus de son cadeau. Marcel le savait mais il aimait l'entendre dire. Les autres sont plus compliqués, il faut les apprivoiser. Mais Marcel cherche auprès d'eux cet amour infini que lui donne sa mère. C'est un malentendu. Il ne peut pas leur en demander tant. Du coup, ils le trouvent trop poli. Ses cadeaux sont toujours démesurés, ils ne savent pas comment le remercier. Il a le compliment facile, il prend plaisir à se diminuer comme ces nobles qui regorgent de politesse envers ceux d'un rang inférieur, il fait trop de chichis. Il «proustifie», disent ses amis agacés par tant de gentillesse.

Jean Santeuil mettra en scène trois garçons dont l'intelligence éblouit Jean mais qui le bousculent et se moquent de lui; lorsqu'il croise par hasard l'un d'eux quelques années plus tard, Jean se rend compte que c'est un parfait crétin. Cette vengeance d'écrivain en dit long sur les relations difficiles qu'entretient Marcel avec ses camarades. La réalité est même pire car les amis de Marcel ne sont pas des imbéciles et, s'ils voient de l'hypocrisie dans sa gentillesse, c'est qu'il y en a un peu. Son besoin de plaire le pousse vers eux, il aimerait devancer leurs attentes mais il a peur de les décevoir et de se retrouver seul. Sa générosité sert aussi à se les attacher.

Pourtant, Marcel ne mâche pas ses mots lorsqu'il s'agit de littérature, même avec ses amis. Lorsqu'ils lui soumettent leurs poèmes, il leur dit ce qu'il en pense et leur lance deux mots d'ordre : sincérité et simplicité. Sa confiance en son propre jugement artistique lui donne l'aura d'un aîné. Son goût leur semble plus sûr que celui de leurs professeurs. Ils admirent aussi sa vaste culture classique qui est, selon lui, l'antichambre de la création. Pour Marcel, il n'y a pas d'artiste qui vaille s'il n'a pas étudié les grands maîtres. Il a lu La Bruyère, Mme de Sévigné, Musset, Baudelaire, Balzac, Chateaubriand, George Sand mais aussi Dickens, Stevenson, George Eliot et *Les Mille et Une Nuits*. Quand il n'est pas plongé dans ses livres, Marcel est aussi un bon compagnon, toujours prêt à rire, irrésistible dans ses imitations d'Anatole France. Il reproduit non seulement les gestes et la voix de ses victimes mais aussi leurs tics de langage, leurs tournures de phrases, jusqu'à leur façon de penser. Sa politesse avec les plus modestes n'a rien à envier à celle qu'il réserve aux puissants et l'attention qu'il porte aux autres est souvent sincère. Alors qu'il n'achète pour lui-même que peu de choses, le choix d'un cadeau peut l'occuper longtemps. Sa générosité, parfois extravagante, se manifeste aussi bien par des gestes de charité envers les pauvres que par des pourboires princiers avec, toujours, ce besoin d'être aimé en retour.

Sa peur de l'abandon ne l'empêche pas non plus de se retirer pour lire ou penser. Le premier cercle à pénétrer, le premier sujet d'étude, c'est lui. La maladie qui l'isole régulièrement favorise l'introspection. Marcel, qui plaignait autrefois Noé d'être resté enfermé dans l'arche, découvre quelle vue imprenable elle offrait sur le monde. Il sait qu'il appartient à la famille « magnifique et lamentable » des nerveux dont les souffrances fécondent les œuvres. Ses insomnies, si fatigantes soient-elles, nourrissent ses réflexions sur le sommeil ; sa maladie l'aide à comprendre certaines choses, sur lui comme sur les autres. Mais il reste ce garçon trop sensible que la moindre brusquerie fait chavirer. Au collège, dans la cour de récréation, quand ses camarades se moquaient de lui, ils n'allaient pas jusqu'à la bagarre comme on le fait entre garçons, à cause de sa fragilité. Marcel a grandi sans s'endurcir.

Au fond, il éblouit ses amis par ses réflexions aussi pertinentes qu'originales et les agace par son goût des mondanités et sa manie de tout compliquer. Fernand Gregh restitue bien leur admiration exaspérée : « Il a [...] une grâce enveloppante, toute passive en apparence, et très active. Il a l'air de se donner et il prend [...]. Mais, comme il aime moins ses amis qu'il ne s'aime en eux, il ne tarde pas à les quitter avec autant de facilité qu'il a déployé d'adresse pour se les attacher [...] il sait toujours toucher le point sensible de chaque vanité. [...] Il a plus que de la beauté, ou de la grâce, ou de l'esprit, ou de l'intelligence ; il a tout cela en même temps, ce qui le rend mille fois plus aimable que ses flatteries les plus géniales. »

À vingt ans, Marcel répond à nouveau à un questionnaire. Il a « besoin d'être aimé [...] d'être caressé et gâté bien plutôt que [...] d'être admiré ». Lui-même est caressant. Trop, au goût de ses camarades qui restent des garçons même s'ils sont bien élevés. Marcel proclame encore ses goûts avec une simplicité brutale, comme s'il ne pouvait pas garder la vérité pour lui. Sans que l'on sache s'il pense à l'homosexualité, à la question « Ce que je déteste par-dessus tout ? », il répond : « Ce qu'il y a de mal en moi. »

En amour, la confusion est à son comble. Marcel

désire chez un homme «des charmes féminins» et, chez une femme, «des vertus d'homme et la franchise dans la camaraderie». Pourtant, il est souvent attiré par des hétérosexuels, ces doubles inversés de lui-même comme les négatifs des photographies. Mais il les incommode, son insistance les fait fuir. Bref, sa vie amoureuse est un désastre. Son homosexualité n'a pas disparu avec l'adolescence. Il est temps d'en tirer les conséquences.

Pendant des années, il s'est livré sans retenue. À dix-sept ans, le lendemain de la rentrée des classes, il écrivait une longue lettre à son professeur, Alphonse Darlu, auquel il demandait conseil à propos de ce regard intérieur, cet «autre moi» qui l'observe sans arrêt. Sa demande avait tout d'une confession, faite à un homme qu'il connaissait depuis la veille mais pour lequel il avait, disait-il, «conçu une si grande admiration», cédant sans doute ainsi plus à l'exaltation qu'à la flatterie. Quelques mois plus tard – et sans qu'on en soit tout à fait sûr –, il aurait confié à un camarade de classe avoir commis une «grande saleté» dans «un moment de folie», avant de confesser sa faute à un autre ami et à son père. Marcel avait besoin d'avouer pour se faire pardonner. C'est fini. Les aveux ne sont plus de mise. Plus jamais il n'avouera ses penchants sexuels, sauf une fois, bien plus tard, lorsqu'il dira à Gide «[...] n'avoir jamais aimé les femmes que spirituellement et n'avoir jamais connu l'amour qu'avec des hommes». Marcel racontera tout sans jamais dire «je». Ce sera sa façon de dire la vérité, la seule qui lui soit supportable, et il brouillera les pistes.

Lorsque Marcel et ses amis se retrouvent à Neuilly pour une partie de tennis, il ne joue pas car il est trop fragile. Chargé du goûter, il apporte des friandises. Quand il fait trop chaud, il va au café d'à côté chercher de la bière et de la limonade qu'il rapporte en geignant, prêt à éclater de rire à la première occasion.

Pendant que les garçons jouent, il reste auprès des jeunes filles qu'il distrait en simulant une sérénade, à genoux, tout sourire, avec, en guise de mandoline, une raquette. Il bavarde avec elles, il les courtise même mais elles ne s'en aperçoivent pas. L'essentiel est que leurs fiancés le remarquent et que, une fois la partie terminée, ils rejoignent sa «Cour d'amour», jaloux et agacés. Gaston de Caillavet se rappelle que Marcel tournait autour de sa fiancée Jeanne à l'époque du service militaire; il a même demandé une photographie à la jeune fille. Gaston l'a très mal pris mais, à peine s'en était-il aperçu que Marcel avait déjà conquis la mère, les oncles et les cousins de Jeanne qui ne juraient tous plus que par lui. Marcel tisse sa toile mais la proie n'est pas toujours celle que l'on croit. Il ne convoite pas les compagnes de ses amis;

il espère attiser leur jalousie à eux, les amener à s'intéresser à lui et, qui sait, à l'aimer. Et si l'une d'elles croyait à une passion naissante, le Marcel « scrupuleux » brandirait aussitôt son amitié avec son fiancé pour se tirer d'affaire.

Les mères de ses amis et les femmes du monde qu'il fréquente lui servent aussi à masquer ses préférences. Marcel n'hésite pas à mettre en scène ses relations avec elles. Ainsi avec Geneviève Straus à laquelle il écrit : « Je crois que vous n'aimez qu'un certain genre de vie qui met moins en relief votre intelligence que votre esprit, moins votre esprit que votre tact, moins votre tact que vos toilettes… vous ne daignez pas favoriser les sentiments avec lesquels j'ai la douloureuse extase d'être/De votre Indifférence Souveraine/Le plus respectueux serviteur. » Geneviève pourrait lui retourner le compliment mais elle connaît son Marcel. Plus tard, il lui fait une scène de jalousie sous prétexte qu'elle ne lui consacre pas assez de temps alors « qu'il faut accorder beaucoup à l'amour platonique. » Faut-il qu'il ait du charme pour qu'elle ne se fâche pas avec lui !

Ou Laure Hayman, la maîtresse de l'oncle Louis, dont il fréquente le salon et qu'il adore comme on adore une œuvre d'art. Il gardera précieusement d'elle quelques traits pour Odette de Crécy. Cette femme réunit autour d'elle des hommes qui admirent sa beauté, des «fidèles» qui se disent «coreligionnaires en Laure Hayman». Ce n'est peut-être pas tant pour l'aimer, elle, que pour mieux se comprendre et s'aimer entre «initiés». Née dans les Andes, elle a perdu très tôt son père. Sa mère en a fait une courtisane de haut vol, une «déniaiseuse de jeunes ducs» qui fréquente aussi des hommes plus âgés qu'elle. La belle Laure enseigne l'amour mais aussi la conversation en bon français. Quand Marcel avait dix-sept ans – et elle, trente-sept – elle l'appelait «mon petit Saxe psychologique» tant à cause de sa propre collection de porcelaines que du teint de Marcel et de ses gracieuses manières. On a laissé entendre qu'elle et Marcel auraient eu une relation pas uniquement platonique. C'est difficile à croire. En tout cas, c'est dans son salon que Marcel a rencontré Paul Bourget, l'un des nombreux amants de Laure. L'écrivain a bien cerné le jeune homme : «Il cessera d'aimer mes livres parce qu'il les aime trop. [...] trop aimer, c'est être à la veille de désaimer. Mais qu'il ne désaime pas cette beauté de l'art qu'il devine, qu'il cherche à travers moi, indigne. [...], dites-lui qu'il travaille et développe tout ce que porte en elle sa déjà si jolie intelligence.»

Et que penser de son attirance pour Laure de Sade, cette fameuse comtesse de Chevigné à laquelle il trouve un profil d'oiseau? Il est vrai qu'en observant sa photographie, on s'attend à tout moment à ce que, d'un mouvement vif et saccadé, elle tourne sa tête posée sur son long cou. Marcel la voit passer sur les Champs-Élysées lorsqu'elle s'y promène coiffée d'un chapeau. Il l'a rencontrée dans un salon, ce qui l'autorise à la saluer en se découvrant lorsqu'il l'aperçoit. D'ailleurs, il l'aperçoit tous les matins. En réalité, il guette son apparition. Croyant d'abord à une simple coïncidence puis à l'insistance déplacée d'un petit-bourgeois indélicat ébloui par un milieu qui n'est pas le sien, la comtesse a ensuite craint qu'il ne fût amoureux d'elle lorsqu'elle a croisé son regard noir enfiévré. L'importun a passé les bornes lorsqu'il s'est permis de lui adresser la parole. Elle lui a lâché, mi-agacée, mi-paniquée, faisant allusion à la visite qu'elle s'apprêtait à faire : « Fitz-James m'attend », puis elle a tourné les talons. Cette excuse abrupte a rompu le charme et mis fin à une drôle d'histoire d'amour. Ils deviendront amis et le resteront jusqu'à ce que Laure découvre qu'après l'avoir laissé infuser pendant des années, Marcel a extrait d'elle, pour les donner à la duchesse de Guermantes, des traits trop peu flatteurs à son goût.

Ces femmes ressemblent un peu à Jeanne Proust par leur esprit, leur culture et, surtout, leur patience bienveillante envers Marcel. Elles sont simplement plus extraverties que sa mère. Ces relations « amoureuses » sont des voies sans issue. N'est-ce pas ce que cherche Marcel? Mieux vaut paraître malchanceux que pédéraste. Et le confident de ces dames a tout loisir d'observer de près leurs compagnons et les ressorts de l'amour.

Tout le monde finit par être dupe. Longtemps après, Marcel accusera Jeanne Pouquet, alors mariée à Gaston de Caillavet, de l'avoir ignoré. On dirait qu'il finit par croire à ses propres simulacres. Pauvre Jeanne! Après avoir été fondue avec Marie de Benardaky et d'autres jeunes filles, elle deviendra Gilberte, la fille de Charles et Odette Swann. Comment pouvait-elle deviner que Marcel lui faisait la cour?

Marcel dit «ne pas savoir, ne pas pouvoir vouloir». Si seulement il avait le don de «la volonté et des séductions.» Pourtant, on vante son intelligence, son regard, le charme de sa voix. La volonté lui manque, certes. Il sait au moins ce qu'il ne veut pas, c'est un début. Il ne se consacre pas tout entier à l'écriture parce que c'est difficile et qu'il se croit sans talent. Il est encore jeune, après tout. Et quel sujet pourrait-il choisir qui méritât tant de travail?

De toute façon, ses parents contrarient sa vocation. Ils lui serinent que la littérature n'est pas un métier tout en lui concédant – concession misérable à ses yeux – que les qualités littéraires font de bons juristes. Et ils lui citent en exemple un magistrat brillant à la réputation de fin lettré. Marcel ne se rebelle pas. Un affrontement rouvrirait prématurément le débat sur sa carrière. Après son échec à ses examens de droit cet été 1892, il se résout à se présenter à la session d'automne mais il n'entend pas pour autant cesser ses activités mondaines.

Marcel est autant l'homme des illusions perdues que celui des paradis perdus. Cette période de sa vie se situe à mi-distance de ces deux pôles, l'enfance et le désenchantement qui féconderont son œuvre. Il veut percer le secret du «monde»; il ignore que la beauté mystérieuse d'un nom ancien s'évanouit lorsqu'on s'en approche. Pour lui, les salons brillent encore de tous leurs feux. Ce sont des univers d'hommes régis par des femmes. Paris en compte bien une centaine, de quoi l'occuper pour le restant de ses jours. On s'y fait des relations utiles malgré la méfiance des habitués envers les nouveaux venus. Les conversations y sont éblouissantes ou futiles, les deux en même temps parfois. Les rencontres sont pour Marcel autant un remède contre la solitude qu'une manière de s'évader pour mieux retrouver sa mère. Et maintenant que la campagne qu'il aime tant lui est interdite à cause de son asthme, il ne va pas se priver du plaisir de sortir.

Ces cercles obéissent à des règles strictes. Personne n'aurait le mauvais goût d'aborder son propre métier ou son art. En principe, une femme tient salon après quatre heures de l'après-midi. Il serait déplacé de recevoir à peine sorti de table. Il y a bien sûr des exceptions; après tout, les modes naissent ainsi. Le salon peut aussi être ouvert le soir, après dix heures ou après minuit. Si un homme du monde sort l'après-midi, il abandonne sa veste sombre et son chapeau melon au profit d'une jaquette et d'un haut-de-forme. Le soir, il porte l'habit que supplantera bientôt le smoking.

Mais les salons ne sont pas exclusivement peuplés de gens frivoles tout juste bons à s'habiller correctement. Ce sont encore des lieux d'influence. Jean Casimir-Perier, président de la Chambre des députés, apprendra chez la comtesse Greffulhe l'assassinat de Sadi Carnot qu'il remplacera à la présidence de la République. Et quand l'affaire Dreyfus divisera la France, certaines dames tiendront tête à des hommes puissants au risque de les voir déserter leurs maisons. En dépit de son estime pour Barrès, Geneviève Straus prendra fait et cause pour l'officier injustement accusé; Debussy, Degas, Detaille, Maurras et d'autres encore quitteront aussitôt son salon. Mme Verdurin sera dreyfusarde, Odette Swann préservera ses relations mondaines.

Le rôle que les salons joueront dans l'Affaire sera d'ailleurs leur dernier. La République en fera de jolis petits souvenirs mais cela prendra un peu de temps. Après avoir failli mourir pendant la Révolution de 1789, la monarchie aurait succombé à celle de 1848. Après une première tentative ratée à Waterloo, l'Empire se serait suicidé à Sedan. Erreur. L'Ancien Régime et son intrépide cadet n'étaient que mortellement blessés. Ils s'éteindront des années plus tard, dans la chaleur douillette de salons eux-mêmes moribonds, bercés par les paroles de leurs derniers fidèles. L'Instruction publique fera de la France un immense salon ouvert à tous.

L'urgence n'en est que plus grande pour Marcel. De rencontre en rencontre, il a pénétré certains cercles mais il reste beaucoup à faire. Paul Bourget le dit, le « monde » n'est pas de ces lieux dans lesquels on « entre ». On en « est » ou non, voilà tout. Il ajoute avec aigreur : « [...] essayez donc de vous y marier, et vous verrez... » Marcel ne tient pas à se marier, il veut juste être admis dans la haute société, ce qui n'est déjà pas une mince affaire. Les médecins renommés ou les artistes du moment, qui se distinguent pourtant du tout-venant, ne sont jamais aussi bien considérés que les gens titrés. Or Marcel n'est même pas un écrivain. C'est juste un jeune bourgeois homosexuel, à moitié juif de surcroît, dans un pays où l'antisémitisme est de plus en plus virulent. *La Libre Parole* multiplie les attaques contre la « tribu des nez crochus », la « finance juive » est dans l'œil du cyclone avec le scandale de Panama. Comment un jeune homme si terriblement handicapé serait-il admis dans le saint des saints qu'est le faubourg Saint-Germain ?

La rue de Monceau est encombrée de voitures le mardi. Mme Lemaire reçoit. On est vite à l'étroit dans l'atelier de peinture converti en salon. Puvis de Chavannes, Detaille et Béraud sont des habitués. Au début, la maîtresse des lieux accueillait des artistes et des bourgeois. Le Faubourg s'abstenait. Quand Madeleine Lemaire parlait des «ennuyeux», elle ne visait pas les médiocres causeurs mais ces aristocrates soi-disant trop distingués pour elle. Puis quelques nobles en mal de nouvelles rencontres ont poussé la porte de son salon, dans le sillage des Uzès, Luynes ou La Rochefoucauld. Ce ne sont pas des gens faciles. Que l'on ne place pas correctement à table le comte de La Rochefoucauld et il s'écrie: «Est-ce qu'on sert de tous les plats à la place où je suis?» Leur mépris n'est pas réservé aux roturiers. L'ancienneté du nom dresse parfois entre eux une barrière infranchissable. La sentence de La Rochefoucauld contre les Luynes est sans appel : « Ils n'avaient aucune situation dans l'an mil. »

Certains membres des cercles les plus huppés brillent toujours par leur absence mais ces premiers ralliements ont attiré de nouveaux artistes séduits par le grand monde. Ils se méfient pourtant les uns des autres. Les artistes n'aiment pas jouer les fous du roi. Quant aux gens du monde, ils craignent leur regard comme un albinos craint le soleil ; on a vite fait de se retrouver dans une pièce de théâtre, et pas dans le meilleur rôle. Chacun y trouve son compte cependant. La compagnie des artistes grise les aristocrates. Ils s'amusent plus avec eux qu'avec leurs pairs et, lorsqu'ils regagnent leurs hôtels particuliers, les yeux encore brillants de fantaisie, ils ont des histoires à raconter pour la semaine. Les artistes se font valoir auprès de gens influents ; Mme Lemaire adore lancer les nouveaux talents lors de soirées musicales à l'audience prestigieuse. Au début, ils ne sont parfois admis qu'en « cure-dents », c'est-à-dire après le dîner entre intimes. L'orgueil froissé aiguise l'inspiration.

La « Patronne » n'est ni belle ni coquette avec sa coiffure désordonnée, ses sourcils sombres un peu envahissants et ses paupières trop lourdes. Mais sa mine apathique est trompeuse. Comme l'indique son surnom dont héritera Mme Verdurin, elle a de l'énergie à revendre et mène de front sa double carrière de peintre et de mondaine. Elle peint si bien les fleurs d'ailleurs que, selon Dumas fils, elle a « créé le plus de roses après Dieu ».

Au printemps 1893, c'est sans doute chez elle que Marcel rencontre Robert de Montesquiou, artiste et aristocrate, figure de la vie parisienne à la conversation étourdissante et aux ascendants illustres tel Charles de Batz, modèle de d'Artagnan. Ce prince du snobisme est un fidèle de « l'Impératrice des roses ». C'est aussi un poète. On l'aurait oublié s'il n'avait pas fréquenté Proust mais c'est une personnalité à l'époque. Heredia vante ses poèmes, Barrès lui dédie son *Greco*. Son entregent n'a d'égal que sa vanité. Bien qu'il s'en défende, il aurait inspiré Des Esseintes, le héros d'*À rebours*, un personnage bien innocent à côté de celui que Proust imaginera.

Le comte a trente-sept ans quand Marcel lui est présenté. C'est un bel homme aux traits fins. Les cheveux bruns sont ramenés en arrière. Il lève facilement le menton pour toiser ceux qu'il méprise, c'est-à-dire à peu près tout le monde. Même sur une photographie, sa silhouette élancée donne l'impression qu'il s'apprête à danser. Pour un peu, son visage émacié lui donnerait un air ténébreux, mais sa voix est si haut perchée qu'il faudrait qu'il se taise, ce qui n'arrive jamais. Robert de Montesquiou est en représentation permanente. Avec lui, on est pris sous une pluie d'anecdotes, de belles histoires et de traits d'esprit. Sa voix monte vers des sommets aigus avant de retomber, à l'instant précis où son poignet s'infléchit pour abaisser sa main gantée.

Montesquiou, les artistes le courtisent, la noblesse le méprise. Ce mentor ouvre aux jeunes gens les portes du monde et des lettres. Il fréquente également des poètes et des écrivains de renom, comme Mallarmé. Mais un aristocrate artiste, quelle engeance! pensent ses pairs. On se moque de lui, on le caricature: « – Que faites-vous en ce moment, cher maître? – Je suis en train de traduire en français mes premiers poèmes. » Et s'il a ses entrées un peu partout, quelques bastions résistent encore et toujours à ses assauts. Il intriguera pendant des années pour être invité par Mme de Caillavet à côtoyer Anatole France et les autres perles de son salon.

Marcel écoute son « professeur de beauté » lui parler de peintres, de meubles et d'objets tandis que se noue entre eux une relation toute platonique. En amour, un même goût les sépare: comme Montesquiou, Marcel n'aime que les jeunes gens. Ils se voient, ils s'écrivent, Marcel a pour lui des égards dignes du Roi-Soleil: « Votre âme est un jardin rare et choisi [...] », « Seul de ces temps sans pensée et sans volonté, c'est-à-dire au fond sans génie, vous excellez par la double puissance de votre méditation et de votre énergie», «Dans chaque circonstance, cher Monsieur, je vous vois, vous découvre un peu mieux, plus vaste encore, ainsi qu'un voyageur émerveillé qui gravit une montagne et dont le point de vue s'élargit sans cesse. Le "tournant" d'avant-hier était le plus beau. Suis-je au sommet?» Et le courtisan de se prosterner : «Je salue Votre Grâce et Votre Majesté.» Montesquiou est assoiffé de louanges, Marcel le désaltère. Il apprivoise l'animal au risque de ternir sa propre réputation par ses flatteries exagérées. Ne s'amuse-t-il pas lui-même de ses éloges? Et si je lui donnais du «Votre Grâce»? Un petit «Majesté» pour relever le tout? Allez! Marcel a l'art d'ensevelir ses victimes sous les compliments.

Mais si l'on touche aux choses essentielles, il se dresse, même face à ceux qu'il craint ou croit utiles à ses projets. Lors de l'affaire Dreyfus, il écrira à Montesquiou : «Je n'ai pas répondu hier à ce que vous m'avez demandé des Juifs. C'est pour cette raison très simple : si je suis catholique comme mon père et mon frère, par contre, ma mère est juive. Vous comprenez que c'est une raison assez forte pour que je m'abstienne de ce genre de discussions [...] vous auriez pu me blesser involontairement [...].» Marcel exècre la bêtise haineuse, à plus forte raison quand elle s'en prend à ce qu'il a de plus cher au monde.

Fidèle à ses habitudes, il demande une photographie à Montesquiou pour enrichir une collection qui, plus tard, ravivera ses souvenirs. Sa Majesté la lui donne, après y avoir inscrit : « Je suis le souverain des choses transitoires. 1893. » Le comte a mordu à l'appât, Sésame, ouvre-toi ! Marcel le prie de l'introduire chez ses amies où il rencontre des personnalités du Faubourg : la comtesse de La Rochefoucauld, la comtesse Potocka, la comtesse de Fitz-James dont Mme de Chevigné allait voir le mari lorsqu'elle a éconduit un jeune homme trop entreprenant.

Marcel devra patienter pour être présenté à la comtesse Greffulhe, cousine de Montesquiou. Cette femme le fascine. La belle et narcissique Élisabeth de Caraman-Chimay est d'une grande famille. Presque ruinée, elle a épousé le comte Henry Greffulhe, de noblesse trop récente pour que la roture ne lui colle pas aux semelles. Ce riche héritier d'une famille de banquiers ressemble à un roi de jeu de cartes avec son visage carré, ses cheveux légèrement ondulés aplatis de part et d'autre de la raie et sa barbe foisonnante qui laisse tout juste la place à des yeux clairs. La ressemblance s'arrête là. Pour le reste, l'homme tient plus du palefrenier. Ce cher Henry fait payer au prix fort ses largesses à son épouse qu'il trompe allégrement et tyrannise en exigeant qu'elle rentre avant minuit. Qu'Élisabeth et sa sœur aient le malheur d'être en retard le lendemain pour déjeuner, voilà qu'il aboie après les domestiques : « Ne servez rien à ces salopes ! Qu'elles crèvent ! »

Bafouée par son mari mais sûre de sa beauté, la comtesse fait d'elle-même des éloges comparables à ceux que Marcel réserve à Montesquiou. Un projet de livre qu'elle adressera bientôt à Goncourt témoigne de son narcissisme. Elle y « chante la joie folle et surnaturelle [...] de se sentir belle ». À l'Opéra, la foule lui fait l'effet d'une « multitude d'amants passionnés, au milieu desquels on passe avec caprice ». La banalité lui fait peur. Ses toilettes sont uniques, comme cette robe qu'elle tient de son arrière-grand-mère, Mme Tallien alias « Notre-Dame de Thermidor » sous la Révolution. Marcel l'aperçoit pour la première fois chez la princesse de Wagram : « Elle portait une coiffure d'une grâce polynésienne, et des orchidées mauves descendaient jusqu'à sa nuque, comme les "*chapeaux de fleurs*" dont parle M. Renan. » Il la fera princesse de Guermantes mais sa situation mondaine, le couple qu'elle forme avec son mari et l'affection qu'elle a pour son cousin Montesquiou iront à la duchesse du même nom.

Il faudrait réunir sur une seule tête l'élégance de la comtesse Greffulhe, le nez busqué de Mme de Chevigné et l'esprit de Mme Strauss. Quelle femme ce serait ! Marcel en tomberait amoureux. Et s'il apprenait qu'un salon emprunte à Mme Lemaire, à Mme de Caillavet et à Mme Aubernon, il s'y précipiterait.

D'autres spécimens suivent, le cercle des relations s'agrandit tout d'un coup, Marcel se répand dans le monde. Pour remercier son bienfaiteur, il propose de lui dédier de petites études destinées à la prestigieuse *Revue blanche*, une façon habile pour le jeune écrivain de se faire parrainer.

Leur intimité croissante leur vaut quelques crises. Montesquiou est un tyran, Marcel n'aime pas être dominé. Toujours à l'affût d'une occasion de s'amuser, il se laisse aller à imiter en public la voix et le rire de son mentor, singeant ses colères et ses remarques acerbes, tapant comme lui du pied par terre, le buste en arrière. De bonnes âmes se chargent de prévenir Montesquiou qui se fâche. Marcel se tire de ce mauvais pas en servant au comte un savant mélange de repentir, d'aveu et de blâme : il feint de regretter, confesse un excès d'admiration et critique sans vergogne ces gens qui exagèrent toujours.

Un halo entoure déjà Montesquiou, invisible de tous, qui enfle pourtant jour après jour et déborde de toutes parts ses contours. Ce n'est ni son ombre, ni son âme. C'est le baron de Charlus. Celui-ci empruntera aussi certains traits au baron Doäzan, cousin de Mme Aubernon, inverti grand teint dont les charges hypocrites et violentes contre les homosexuels doivent beaucoup à un violoniste polonais dans les bras duquel il a perdu sa fortune. Montesquiou et Doäzan ne s'apprécient pas ; ils se ressemblent trop, chacun empiète sur l'espace vital de l'autre. Ils seront pourtant forcés de cohabiter dans Charlus. Ce sera leur châtiment. Et quand Montesquiou fera la connaissance de Charlus en lisant l'œuvre de celui qu'il a pris sous son aile, il retrouvera ses élégances, sa **propension** à faire et défaire les réputations, ses colères incroyables, son inclination pour les jeunes hommes, bref, sa vie. À côté de cela, les imitations dont Marcel se satisfait encore paraîtront bien bénignes.

Grâce à un ami de lycée, Marcel fait la connaissance d'une jeune fille de son âge, Germaine Giraudeau, qu'il affecte de courtiser. Le père de Germaine, qui fut intime de l'impératrice Eugénie et pleure encore le régime défunt, décrit dans son carnet le jeune homme qui tourne autour de sa fille : « Dans sa beauté, tout est contraste. Et dans les joues blanches les yeux noirs. » La vertu de Germaine ne risque rien, sa photographie suffira. Blanc, noir… Marcel songe aux touches qu'effleuraient les doigts de Léon Delafosse, un jeune pianiste rencontré récemment. C'est sur cette douce pensée que s'achève sa troisième année d'études et que commencent les vacances.

À Saint-Moritz, la haute société se repose des fatigues de Bayreuth. Marcel y séjourne avec son ami Louis de La Salle, futur écrivain lui aussi. Mme Léon

Fould et d'autres relations parisiennes de Marcel s'y trouvent également. Léon Fould, «ami sincère et averti des lettres» selon sa fille Élisabeth, est tout aussi sincère mais peut-être moins averti à propos du «Proustaillon»: «C'est un raté!» Intriguée par son costume de tweed roux, Élisabeth Fould dresse de Marcel un portrait moins lapidaire: «Des yeux noirs, veloutés, immenses…, une chevelure noire elle aussi, brillante, touffue, trop longue et dont une mèche épaisse retombait sur le front, un teint pâle, étiolé…, il a toujours manqué de grand air.»

Marcel décrit la beauté des lieux dans un article et dans un roman épistolaire à quatre voix écrit sur place et qui ne sera pas publié. Le roman s'inspire de *La Croix de Berny* dont Théophile Gautier était l'un des auteurs. Louis, Fernand, Daniel et Marcel se sont réparti les rôles. Marcel a hérité de l'héroïne, Pauline de Gouvres-Dives. Éprise d'un maréchal des logis, elle a des faux airs de… Marcel. Pauline est très sensible. La pluie lui fait monter les larmes aux yeux; elle se rappelle que, toute petite, elle ne pouvait pas aller jouer aux Champs-Élysées les jours de mauvais temps. Elle quitte Paris pour échapper aux tentations mais elle n'aime pas les lieux nouveaux. Quoi de plus cruel pour elle qu'un nouvel appartement? Un nouveau lit.

Des études parues cet été-là dans *La Revue blanche* qui publie Marcel pour la première fois abordent les liens entre souvenir et oubli, la puissance créatrice de la douleur et ces amitiés qui se sentent à l'étroit dans la simple camaraderie. Marcel écrit aussi *L'Indifférent*, une nouvelle qui sera publiée trois ans plus tard et préfigure *Un amour de Swann*. Enfin, il se lance plein d'humour et d'entrain dans le pastiche avec *Mondanité de Bouvard et Pécuchet*. Les héros de Flaubert y égrènent des lieux communs sur les nobles, les financiers, les protestants, les artistes et les Juifs.

Quand il est enfin reçu à ses examens, c'est presque une mauvaise nouvelle pour lui. Ces trois années d'études ont passé bien vite. C'est trop bête d'échouer si près du but, Marcel est presque un écrivain maintenant. Mais à vingt-deux ans, son père estime que l'heure de la carrière a sonné.

Les réflexions de Marcel trahissent son manque d'enthousiasme pour le choix d'un métier. Il détesterait moins la Cour des comptes que les Affaires étrangères, écrit-il à Robert de Billy, car elle lui laisserait plus de temps pour se promener. Mais c'est son père qu'il doit convaincre. La question est suffisamment importante pour qu'il lui écrive : « J'espérais toujours finir par obtenir la continuation des études littéraires et philosophiques pour lesquelles je me crois fait. Mais puisque je vois que chaque année ne fait que m'apporter une discipline de plus en plus pratique, je préfère choisir tout de suite une des carrières pratiques que tu m'offrais. Je me mettrai à préparer sérieusement, à ton choix, le concours des Affaires étrangères ou celui de l'École des chartes. Quant à l'étude d'avoué, je préférerais mille fois entrer chez un agent de change. D'ailleurs, sois persuadé que je n'y resterais pas trois jours. Ce n'est pas que je ne croie toujours que toute autre chose que je ferai autre que les lettres et la philosophie, est pour moi du temps perdu. Mais entre plusieurs maux, il y en a de meilleurs et de pires. Je n'en ai jamais conçu de plus atroce, dans mes jours les plus désespérés, que l'étude d'avoué. Les ambassades, en me la faisant éviter, me sembleront non ma vocation, mais un remède. » La Cour des comptes n'a plus ses faveurs apparemment. Les a-t-elle jamais eues? Si Adrien a pris au pied de la lettre ce «à ton choix», il a eu tort. Le combat commence. Compliquer les choses et gagner du temps, telle est la stratégie de Marcel.

C'est alors que meurt son ami Willie Heath. Ils se connaissaient depuis peu mais Marcel aurait aimé poursuivre une relation pleine de promesses. Avec un romantisme d'adolescent, il déclare qu'ils auraient aimé vivre de plus en plus ensemble «dans un cercle de femmes et d'hommes magnanimes et choisis, assez loin de la bêtise, du vice et de la méchanceté pour [se] sentir à l'abri de leurs flèches vulgaires». Willie ressemblait étrangement à Edgar Aubert et leur disparition dans la fleur de l'âge rappelle à

Marcel qu'il n'est pas éternel. Il ne faudrait pas gâcher le temps qui lui reste. Un malheur ne venant jamais seul, l'armée lui enjoint de préparer un examen d'officier. Perdrait-elle la raison? Heureusement, le père de Marcel connaît un médecin compréhensif.

Ces événements ont encore différé le choix d'une carrière, d'autant plus que Marcel s'est bien gardé de prendre la moindre initiative. Or pour préparer un concours, il faut commencer par s'inscrire sinon c'est une année de perdue. Ou de gagnée, selon le point de vue. Les parents de Marcel, impatients, le poussent à solliciter un médiateur, un certain Charles Grandjean, bibliothécaire du Sénat et ami de la princesse Mathilde.

Marcel abat sa première carte: directeur de musée. Le cursus est simple et tout en ligne droite: licence, doctorat, École du Louvre, École de Rome. À ce rythme, il aura plus de trente ans quand la question d'une carrière reviendra sur le tapis. Dans une lettre à Grandjean, il feint de trouver cette formation un peu longue et gage que celui-ci a sûrement la solution. Les exercices de flatterie avec Montesquiou lui ont procuré un bon échauffement: «Je m'attends pour demain à d'autres merveilles encore. Car vous êtes précisément le contraire de la fée qui changeait les pierreries en crapaud. Des sales carrières assommantes à choisir vous faites des merveilles et je suis dans

une grotte pleine d'enchantements et de prestiges. »
Grandjean conseille alors la Cour des comptes. Ce
serait trop long à préparer, réplique hypocritement
Marcel, d'autant, précise-t-il, qu'il échouerait sans
doute à sa première tentative. Ce serait surtout
« sinistre ». Marcel préférerait l'École de Rome, ou
plutôt Rome sans l'école. Ou encore l'École des chartes
qu'il aurait le temps de terminer avant sa deuxième
tentative pour entrer à la Cour des comptes. Il pourrait aussi demander son rattachement à un musée
comme bénévole et préparer en même temps, « au
choix » de Grandjean, l'École des chartes, une licence
de lettres ou l'École du Louvre, ou bien se consacrer
à des « travaux personnels ». Le pauvre Grandjean qui
prend sa mission au sérieux maintient que Marcel
n'est pas fait pour l'École des chartes. Marcel suggère
alors à l'excellent médiateur d'autres pistes de réflexion :
rédacteur au Sénat, inspecteur des Beaux-arts. Et ce
poste d'archiviste qui se libère aux Affaires étrangères ?
s'enquiert-il. Les deux premières années ne seraient
pas payées mais l'essentiel est que tout cela ne soit
pas trop prenant. Il bombarde Grandjean de questions
précises sur toutes les hypothèses qu'ils ont envisagées,
se proposant d'interroger M. Poincaré, le ministre de
l'Instruction publique, et assurant Grandjean qu'il
agira selon ses souhaits.

Cela fait maintenant un mois que le médiateur est
saisi de ce dossier délicat. Quel plaisir de s'enliser,

songe Marcel, mais il faut porter l'estocade. Il revient à sa première idée de musée sans éliminer aucune carrière, prie au passage Grandjean de contacter des éditeurs pour un projet auquel il travaille et, dans la confusion la plus totale, il commence une licence de lettres, au grand dam de ses parents pris de vertige. Le choix d'une carrière est ajourné.

Marcel en rêvait de ces études littéraires et philosophiques. Elles permettent, dit-il, d'échapper aux contingences terrestres et de «dédaigner la mort». Il s'intéresse aux travaux de Boutroux. La connaissance des êtres ne s'acquiert-elle pas davantage par leur histoire que par leur nature? La philosophie lui plaît tellement qu'il complète ses cours par des entretiens avec M. Darlu, son cher professeur de Condorcet. Ils discutent de la réalité du monde extérieur et de la pensée créatrice par laquelle on le perçoit, plus réelle encore. Cette philosophie «impressionniste» situe dans les émotions et dans les sensations le siège de la réalité. La morale de Darlu, tendue vers la recherche de la vérité par les progrès de l'esprit, n'est pas la morale chrétienne. Marcel y trouve une spiritualité sans foi qui convient à son agnosticisme. Comment un génie du soupçon pourrait-il avoir la foi? Marcel doute de tout et n'exclut rien.

Dans un article qui demeurera inédit, il s'oppose à une partie de l'avant-garde littéraire qu'il juge décadente. Marcel soutient que Montesquiou rompt avec la décadence ambiante et s'inspire d'un nouveau classicisme issu de Baudelaire. La simplicité de Montesquiou défendue par Proust? Ce double paradoxe donne au courageux combat de Marcel des allures de cause perdue. Il est sans doute sincère même s'il veut plaire à son mentor. Le «souverain des choses transitoires» se préoccupe, au fond, des «choses éternelles» et s'approche plus de Baudelaire que certains jeunes poètes. Mais *La Revue blanche* refuse cet article incompatible avec sa ligne éditoriale.

Peu après sa fusion avec *Le Banquet*, elle publie néanmoins des textes de Marcel. L'héroïne d'*Avant la nuit* s'appelle Françoise. Elle avoue à demi-mot son attirance pour les femmes mais son homosexualité n'est pas condamnée: «Si l'amour fécond, destiné à perpétuer la race, noble comme un devoir familial, social, humain, est supérieur à l'amour purement voluptueux, en revanche il n'y a pas de hiérarchie entre les amours stériles et il n'est [...] pas plus immoral qu'une femme trouve du plaisir avec une autre femme plutôt qu'avec un être d'un autre sexe. La cause de cet amour est dans une altération nerveuse qui l'est trop exclusivement pour comporter un contenu moral.» Marcel ne disait pas autre chose à son ami Daniel.

À l'occasion d'une conférence donnée par Montesquiou, Marcel évoque, baudelairien, les «tout-puissants accords» de sa voix. Mais leur belle entente est soudain compromise à cause de Léon Delafosse. Le jeune pianiste a composé des mélodies sur des poèmes de Montesquiou. Pour aider Léon à se faire éditer, Marcel le présente au poète. Celui-ci accapare aussitôt le beau musicien auquel il prédit avec clairvoyance: «J'aime à croire que vos mélodies dureront autant que mes poèmes eux-mêmes.» Puis, non content de lui souffler Delafosse, Montesquiou reproche à Marcel de n'avoir pas publié *De la simplicité de M. de Montesquiou* comme il le lui avait promis.

Marcel tient trop à sa relation avec le comte pour risquer une rupture. Tant pis si Delafosse lui échappe, il lui réglera son compte plus tard. Le pianiste inspirera le peu sympathique Morel, violoniste fort prisé des Verdurin et amant inconstant du baron de Charlus. Pour le moment, l'essentiel est de rester dans le sillage de Montesquiou. Ses faveurs et le terrain d'observation qu'il représente à lui tout seul l'emportent sur le reste. Au printemps 1894, ce grand seigneur donne à Versailles une fête éblouissante où se mêlent musiques et poèmes. Marcel en rend compte dans un article publié par *Le Gaulois* qu'il signe du pseudonyme «Tout-Paris». Le jeune écrivain s'attarde sur la comtesse Greffulhe dont «la robe est de soie lilas rosé, semée d'orchidées, et recouverte de mousseline de soie de même nuance, le chapeau fleuri d'orchidées et tout entouré de gaze lilas». Cette fête est une réussite, avec un bémol tout de même car l'article subit quelques coupes avant son impression. Mme Potocka y perd sa toilette, le prince Borghèse et Mme Howland disparaissent, tout comme le nom de Marcel, habilement glissé pourtant sous la mention «parmi les autres personnes présentes». Mais l'essentiel est là, ces noms prestigieux dont Marcel s'enivre, qu'il énumère un à un.

Pour le commun des mortels, cette litanie ressemble aux trop longs récitatifs qui alourdissent les plus beaux opéras. Marcel, lui, cherche quels liens unissent ces noms, quels passages secrets relient l'un à l'autre, quelles querelles ou quelles alliances divisèrent ou réunirent autrefois les familles qui les portent. Dans cette longue galerie de portraits, Marcel se laisse bercer par la mélodie des noms scintillants qui se suivent et ondulent, chacun laissant sa grâce se refléter dans les autres et contribuant ainsi à donner au présent toute la profondeur du passé. Mais au moment où le faubourg Saint-Germain entrouvre ses portes, l'armée, encore elle, a bien failli rompre le charme. Marcel s'est vu soudain au milieu de ces personnes élégantes avec son barda de fantassin. Quelques jours avant cette somptueuse fête, le soldat Proust a été rappelé pour une période d'instruction d'un mois. Heureusement, une crise d'étouffement l'a délivré *in extremis* de ce cauchemar. Il serait temps que l'armée apprenne à se passer de Proust, d'autant plus qu'un autre militaire commence à faire parler de lui.

Le siècle n'est pas de tout repos avec ses invasions, révolutions, coups d'État, rois déchus, empereurs exilés et régimes politiques chancelants. La défaite face aux Prussiens, l'annexion par eux des provinces de l'Est, la Commune et la répression qui s'en est suivie ont traumatisé les Français. L'agitation a repris de plus belle avec le boulangisme, le scandale de Panama et les attentats anarchistes.

Depuis quelques années, certains cherchent d'autres explications aux difficultés que rencontre la France. Édouard Drumont a publié un *Essai d'histoire contemporaine* intitulé sans ambages *La France juive*. L'ouvrage se vend toujours très bien. Ses partisans voient en lui un «patriote sincère», pourfendeur de la décadence française dont seraient responsables les Juifs. Ses thèses trouvent un écho favorable aussi bien dans les milieux populaires que chez une partie de l'élite bourgeoise et aristocratique, tandis qu'à gauche certains mettent dans le même sac les Juifs et les capitalistes. La presse antisémite et nationaliste attaque les Juifs, la presse catholique nourrit un antijudaïsme confessionnel. Au sein de l'armée, on soupçonne les officiers juifs de vouloir trahir la France, les brimades se multiplient.

Des incidents isolés se produisent. Ainsi, pour avoir voulu défendre son honneur, le capitaine Mayer meurt dans un duel avec le marquis de Morès. L'émotion est grande mais la plupart des Israélites français demeurent convaincus que la meilleure réponse est d'être de bons citoyens.

C'est dans ce contexte troublé qu'en octobre 1894, *La Libre Parole illustrée* interpelle le gouvernement à propos de l'arrestation d'un présumé espion à la solde de l'Allemagne. Quand on apprend que le traître serait un officier juif affecté à l'état-major, la presse s'emballe. Le général Mercier, ministre de la Guerre, se laisse intimider et déclare, avant tout jugement, que Dreyfus est coupable. En un temps record, l'accusé est lynché par la presse, condamné par le Conseil de guerre, dégradé en place publique et déporté à l'île du Diable, au large de la Guyane, pour expier sa trahison. L'île du Diable ! C'est parfait.

À son retour, en 1899, lors de la révision du procès, Alfred Dreyfus apprendra que le traître est le commandant Esterhazy. Que le lieutenant-colonel Picquart s'est battu contre sa hiérarchie pour le démasquer. Qu'en janvier 1898, Émile Zola a mis en cause l'état-major et la presse dans une lettre ouverte intitulée «J'accuse». Que cela lui a coûté sa Légion d'honneur et valu une condamnation. Que, pour défendre les libertés individuelles, des scientifiques et des gens de lettres ont signé des pétitions civiques qui rassemblent des milliers de signatures parmi lesquelles celles d'Anatole France et, si on lit attentivement, celles de jeunes gens moins connus nommés Fernand Gregh, Jacques Bizet, Daniel Halévy, Robert de Flers ou Marcel Proust. Que cette forme de protestation inédite est l'acte de naissance des «intellectuels» et de la Ligue française pour la défense des droits de l'homme et du citoyen. Que nombre de ses partisans veulent non seulement la justice et la vérité mais aussi le discrédit de l'armée. Que, parmi ses adversaires, certains estiment que, même s'il n'était pas coupable, il devrait se déclarer tel afin de protéger l'armée. Qu'en définitive, il n'est plus Alfred Dreyfus, coupable ou innocent, mais un symbole. Ce n'est qu'en 1906 que Dreyfus, réhabilité, sera promu chef de bataillon et décoré de la Légion d'honneur.

Mais en ce début d'année 1895, l'accusé n'a pour le défendre que sa famille et les maigres soutiens de la première heure. Dreyfusard... Le mot reste à inventer. Une partie de la droite aimerait profiter de cette affaire pour en finir avec la République. L'opposition radicale et socialiste se contenterait de renverser le gouvernement. Celui-ci soutient l'armée pour ne pas sombrer avec elle. Celle-ci campe sur ses positions. Les israélites français se taisent pour ne pas être soupçonnés de partialité. L'accusé s'époumone à crier son innocence sans comprendre que la question n'est pas là. Depuis le premier jour, Dreyfus est un symbole qui s'ignore.

Comme tout le monde, Marcel entend parler de cette affaire. Il faudrait être sourd. Sa mère et lui ont toujours consacré du temps à la lecture des journaux. Qu'en pense-t-il, lui qui blâme les prêtres antisémites lecteurs de *La Libre Parole* tout en fustigeant l'anticléricalisme ? Lui dont la mère est juive et qui, même s'il ne se considère pas comme tel, le sera toujours trop aux yeux de certains ? Marcel n'aime pas les positions simplistes. Il déteste le climat antisémite et l'intolérance qui sévissent dans le pays. Mais aucun fait connu ne contredit la thèse de la culpabilité. Et pour cause, l'accusation repose sur des pièces qui n'ont pas été communiquées à la défense. Pourtant, il est possible que Marcel ait douté. Lors d'un dîner chez les Duplay auquel assistaient les parents Proust, Maurice, le fils Duplay, aurait eu le front d'envisager l'hypothèse que Dreyfus fût innocent. Jeanne Proust aurait alors discrètement confié au jeune homme que Marcel trouvait que «Dreyfus n'avait pas l'attitude d'un coupable». Marcel doute peut-être mais le cours de sa vie l'emporte, loin de l'île du Diable.

Un musicien peut en cacher un autre. Au printemps 1894, Marcel a rencontré Reynaldo Hahn, un compositeur âgé de dix-huit ans, né à Caracas mais de culture française. Enfant prodige, il accompagnait au piano des airs d'Offenbach chez la princesse Mathilde à l'âge de six ans. Deux ans plus tard, il composait. Au Conservatoire, il a eu Massenet pour maître. Talent et beauté, Reynaldo a de quoi séduire Marcel.

L'été de ses vingt-trois ans, celui-ci revoit chez Madeleine Lemaire, dans son château de Réveillon, le jeune homme brun aux fines moustaches, sensible et délicat. Il est si gracieux au piano avec son dos bien droit et ses mains tour à tour douces et impérieuses. Pendant le séjour, Marcel s'intéresse ostensiblement à Suzette, la fille de Mme Lemaire, signe d'une forte attirance pour Hahn. Car c'est à lui, pas à Suzette, que Marcel dédie une nouvelle, *La Mort de Baldassare Silvande*.

Un aristocrate musicien atteint de paralysie générale meurt au terme d'une vie dissolue, non sans se rappeler les douces heures de son enfance lorsque sa mère l'embrassait puis le couchait en réchauffant ses pieds dans ses mains. Il se souvient aussi de l'espoir déçu de sa mère d'en faire un grand musicien et de ses fiançailles rompues dont elle seule a pu le consoler. Il ne lui faut pas plus de deux secondes pour revivre ces longs moments de sa vie. Le temps est élastique; il peut être bref pour les aiguilles de l'horloge et se dilater à l'infini dans notre esprit ou vice versa. De même qu'un être aperçu un court instant occupe parfois toutes nos pensées. Avant de s'extasier sur ses mains «maternelles», Baldassare déclare à la duchesse Oliviane: «Je vous aimais d'une affection dont aucune espérance de plaisir charnel ne venait déconcerter la sagacité sensible. Ne m'apportiez-vous pas en échange une amitié incomparable, un thé exquis, une conversation naturellement ornée, et combien de touffes de roses fraîches.» L'amour platonique a ses charmes mais Suzette est peut-être déçue.

Une complicité intellectuelle et une passion commune pour la musique naissent entre Marcel et Reynaldo. Hahn inspire à son ami la seconde partie du pastiche de Flaubert, *Mélomanie de Bouvard et Pécuchet* où perce la culture musicale de Marcel. Peu après, celui-ci se rend à Trouville avec sa mère et suggère que Reynaldo l'y rejoigne lorsqu'elle sera partie. Reynaldo, que Marcel appelle «My little Master», se fait prier. Marcel insiste pour qu'il vienne le consoler après le départ de Jeanne. Comme Reynaldo tarde à venir, Marcel lui promet une chambre avec vue sur la mer et ajoute: «Et pour ne pas trop énerver mon attente ne laissez pas traîner huit jours dans votre poche la lettre que vous aurez la bonté de m'écrire. » Jeanne s'en va, Reynaldo ne vient pas, Marcel ne dort plus. Il en profite pour écrire *La Confession d'une jeune fille* qu'il dédie à Montesquiou, dans l'espoir de lui faire oublier ce fameux article qui dort dans un tiroir.

Après une tentative de suicide ratée, l'héroïne n'a plus que quelques jours à vivre. La balle n'a pas pu être extraite. Elle aimerait mourir aux Oublis, le parc où, enfant, elle passait ses étés. Elle se rappelle sa mère qui venait l'embrasser le soir dans son lit, avant de s'abstenir pour l'endurcir un peu. Sa paresse et son manque de volonté l'ont livrée aux plaisirs mondains sans lendemain. Ces « remords atroces », ces aveux incompris, ces « crimes » ne seraient-ils pas des allusions à son homosexualité ? Elle se croyait guérie après s'être confessée. Elle allait même se marier à la demande de sa mère, quand un dîner tragique a tout brisé. Son fiancé est absent. Étourdie par le champagne, elle se laisse entraîner dans une autre pièce par Jacques, un ancien amant. Tandis qu'il la couvre de baisers, une infinie tristesse s'empare d'elle à l'idée que l'âme de sa mère pleure. Lorsqu'elle se voit dans le miroir, elle croit reconnaître une bête. Et c'est alors que sa mère, qui passe inopinément devant la fenêtre, les surprend. Terrassée, elle tombe à la renverse, morte, la tête prise entre les barreaux du balcon.

En choisissant des femmes pour héroïnes, Marcel ménage les apparences à défaut de les sauver. Il aimerait peut-être une lumière plus crue mais il s'aventure assez loin déjà pour un jeune homme dont les parents, chez lesquels il vit encore, peuvent lire les textes, tout au moins sa mère. Pour autant, une œuvre n'est pas le reflet de la vie de son auteur ; elle lui est infiniment supérieure, comme un nom peut l'être à celui qui le porte. Lors d'un dîner chez les Daudet avec Reynaldo, Marcel désespère de ces matérialistes selon lesquels une œuvre s'imprègne des habitudes de son auteur, jusqu'aux alcools qu'il boit.

Les Plaisirs et les Jours. Ce titre provocant plaît à Marcel. Son premier livre rassemble des poésies, des nouvelles, des portraits et des pastiches mais pas de théâtre dont il raffole pourtant. Il cherche trop à pénétrer les esprits pour s'en tenir aux dialogues. Marcel a déjà écrit presque tous les textes, certains même à l'âge de quatorze ans. D'autres, plus récents, ont été publiés auparavant. La mère, le coucher, l'amour et ses chimères, le manque de volonté, les paysages aimés, l'asthme, l'angoisse, les lesbiennes, la perversité, tous ces thèmes irriguent les nouvelles. Seule manque l'homosexualité masculine ; Marcel n'est pas prêt.

Madeleine Lemaire illustrera le livre. Anatole France en rédigera la préface, bien qu'il voie en Marcel un jeune homme décadent, obsédé par des souffrances artificielles : «Aussi le livre de notre jeune ami a-t-il des sourires lassés, des attitudes de fatigue, qui ne sont ni sans beauté, ni sans noblesse.» Le vieux maître évoque une «intelligence souple, pénétrante et vraiment subtile» mais il ajoute : «Une atmosphère de serre chaude... Des orchidées savantes... Une étrange et maladive beauté... C'est bien le climat décadent et *fin de siècle* que l'on respire ici...»

Décidément, tout le monde se traite de décadent. Bientôt, dans un article pour *La Revue blanche* intitulé «Contre l'obscurité», Marcel prendra le contre-pied de Mallarmé et de la jeunesse d'avant-garde emmenée par Gide, Valéry et Claudel. Bien qu'il estime le poète, Marcel prend parti pour Anatole France et condamne le symbolisme dont la langue compliquée passera comme une mode. Seule une expression claire révèle la vérité, prisonnière des apparences. Marcel défend encore France dont certains thèmes l'ont imprégné : la mémoire, le changement permanent de l'être, la difficulté à connaître l'autre, un certain pessimisme. Mais déjà il s'éloigne de son aîné. Moins grand que son œuvre, le personnage avait déçu Marcel. Voici qu'à son tour l'œuvre rapetisse. Il doit sacrifier les auteurs qu'il a aimés, par le détachement et, en somme, par l'oubli. Il faut que France et les autres meurent à l'esprit de Marcel afin que, libéré de leur emprise, il crée l'œuvre à travers laquelle ils vivront un peu.

Mais Marcel est encore bien loin de cette admirable transcendance. Emberlificoté dans ses propres manigances, il est tout bonnement en train de compromettre son projet. Il crée tout d'abord la confusion en cherchant pour son livre l'appui d'un membre de la famille d'Orléans. Madeleine Lemaire se vexe. Ne l'a-t-il pas sollicitée la première? Si c'est pour la pousser à terminer ses illustrations, il devrait savoir qu'elle a horreur d'être bousculée. Comme si la situation n'était pas assez compliquée, Marcel tente de s'attirer les bonnes grâces de Mme de Caillavet. Il confie à l'égérie d'Anatole France que Fernand Gregh n'aime pas le dernier roman de son protégé. Ce mauvais coup irrite Gregh qui claironne partout que Proust est un traître. Marcel fait machine arrière et prend la défense de son ami Fernand auprès de Mme de Caillavet qui ne comprend plus rien. Après bien des efforts, il parvient à calmer ce petit monde qu'il a lui-même mis en effervescence.

Le jeune Proust est une figure mondaine désormais, les chroniqueurs le remarquent dans les soirées, les spectacles et les dîners. Aux concerts, on les invite, lui et Reynaldo. Ce dernier admire Massenet et Saint-Saëns mais pas Wagner, contrairement à Marcel. Paradoxalement, Reynaldo voit dans la musique le simple prolongement de la parole dont elle peut exprimer des nuances. Pour Marcel, elle est d'une essence différente de celle des autres arts, en particulier de la littérature, et réveille en nous «ce fond mystérieux [...] de notre âme, [...].» Au théâtre, il admire Sarah Bernhardt à laquelle il rendra bientôt visite lors d'un voyage en Bretagne avec son compagnon.

Reynaldo lui présente Mme Stern, qui publie des romans sans prétention sous le nom de Maria Star, ainsi que la princesse de Polignac et Mme de Saint-Marceaux, femmes d'esprit et gardiennes des convenances. Avec son visage pâle et sa manie de s'emmitoufler dans ses vêtements, Marcel ressemble à un bibelot en porcelaine. On ne s'attend pas à ce qu'il participe si vivement aux conversations au point, souvent, d'en devenir le centre ; son esprit brillant et ses imitations désopilantes ravissent ses hôtes. Lorsqu'il arrive dans une soirée, le plastron un peu cassé par la fatigue qui l'empêche de se tenir parfaitement droit, il embrasse d'un coup d'œil les petits groupes d'invités qui discutent. Il aimerait se mêler à tous en même temps mais il faut bien choisir. Il butine d'un groupe ou d'une personne à l'autre, à l'affût de propos plus intéressants, de comportements plus étranges, de contacts plus utiles. Pas une soirée ne se passe sans qu'il s'asseye à côté de l'invité le plus célèbre ou le plus titré. Tout en conversant avec la maîtresse de maison, il se demande comment il pourrait bien accéder à un salon plus exclusif encore.

Si un inconnu paraît, il ne part pas sans savoir son nom. Il échafaude aussitôt des hypothèses pour imaginer quelles conséquences aura sur ce cénacle l'arrivée du nouveau venu.

Tous ces gens serviront un jour son inspiration. Laure Hayman se découvrira sur le tard une sœur prénommée Odette qui aura grandi dans son ombre et dont la ressemblance avec elle ne sera guère flatteuse. Il y aura du France chez Bergotte. Mais aussi du Renan avec lequel Marcel partage le goût de l'histoire et de la philosophie ainsi que cet esprit critique qui se méfie des apparences. Mais ces liens de parenté ne comptent pas. Les « clés » sont trop nombreuses, les ressemblances trop diffuses. Ces gens eux-mêmes auront changé et ne seront plus ceux que Marcel connaît aujourd'hui. Lui non plus, qui se mêlera un peu à chacun de ses personnages, ne sera plus le même.

Les écrivains ne sont pas tous des piliers de salons, souvent plus ouverts aux talents « académiques ». Cependant, Fernand Gregh le reconnaîtra, les relations mondaines ont favorisé sa propre carrière d'homme de lettres. Son ami Marcel l'a invité à dîner avec Bergson chez ses parents. Puis il l'a présenté à Mme de Caillavet qui appréciait ses vers ; elle fut l'une des premières abonnées du *Banquet*. Geneviève Straus l'a reçu à son tour dans sa maison de Trouville.

Grâce à son fils, Fernand a rencontré Jacques Baignères qui l'a présenté à sa mère, la cousine de Lydie Aubernon. Chez Laure Baignères, Fernand a fréquenté Heredia et Hervieu. Voilà comment un écrivain noue des relations.

Paul Valéry séduit son auditoire dans les salons par ses talents de causeur. Stéphane Mallarmé est un fidèle des *mercredis* de Catulle Mendès, des *jeudis* de Zola, des *vendredis* du musicien Léopold Dauphin et des *samedis* de Leconte de Lisle ; il ne lui reste plus guère que les *mardis* pour recevoir chez lui, rue de Rome. Anatole France profite de l'entregent de Mme de Caillavet. Henri de Régnier trouve que les mondanités lui laissent trop peu de temps pour la littérature. Même l'austère Barrès confesse : « Quand on veut *arriver*, quand on est loin de Paris, sans nom, sans protection, […] eh bien, […] on rêve d'un petit mot de recommandation qui accompagnerait chez tel directeur l'essai, l'étude, etc., endormis dans le buvard. » Le même Barrès n'aurait-il pas, lui aussi, flatté Montesquiou dans sa dédicace du *Greco* ? « Au comte Robert de Montesquiou,/Au Poète/ À l'inventeur de tant d'objets et de figures rares,/ À l'un des premiers apologistes du Greco,/et qui lui-même/trouvera quelque jour son inventeur et son apologiste, […]. » L'inventeur et, d'une certaine manière, l'apologiste, Barrès l'avait sous les yeux sans le savoir. C'était ce « jeune homme » nommé Proust.

Tout le monde ou presque profite donc des salons. Oui mais le snob, c'est Marcel! C'est lui que ses amis accusent de gâcher son talent, les autres ne lui en reconnaissant pour la plupart aucun. Il n'est pas seulement snob, il est aussi oisif. D'ailleurs, il n'a rien publié qui vaille. Cela lui va bien de citer l'*Imitation de Jésus-Christ* en exergue de *La Confession d'une jeune fille* : « Les désirs des sens nous entraînent çà et là, mais l'heure passée, que rapportez-vous ? » Il imite peut-être parfaitement Montesquiou et France mais, pour ce qui est du Christ, c'est une autre affaire! La comparaison avec ses amis est sans appel. Fernand Gregh a déjà publié ses premiers poèmes, Jacques Bizet est externe à l'Hôtel-Dieu. S'ils n'ont pas encore réussi, les premiers jalons de leurs carrières sont posés. Pendant ce temps, Marcel se disperse.

Ces reproches sont excessifs. Marcel travaille beaucoup si l'on compte tous ses textes, y compris ceux qu'il rédige en rentrant des soirées. Il n'a pas non plus complètement négligé ses études comme en témoignent ses bonnes appréciations en sciences politiques et la licence en droit qu'il a finalement décrochée. Cette réputation de ramier ne lui plaît pas. Dans une lettre écrite à Geneviève Straus à l'époque où il passait un examen de sciences politiques, il cherchait déjà à s'en défaire : « J'ai été reçu jusqu'à présent, j'espère l'être encore demain et vous montrer que vous avez bien tort de me croire paresseux, ou désireux d'être mondain. Je suis très travailleur. »

Il faut aussi qu'il échappe à cette maudite carrière dont rêvent encore pour lui ses parents. Or le travail, et même le talent, ne suffisent pas pour qui veut aller vite. De solides soutiens sont nécessaires et Marcel sait comment s'y prendre pour les obtenir. Quand il invite Henri de Régnier à dîner, c'est parce qu'il aime son œuvre à laquelle il consacre d'ailleurs un article, mais il lui demande aussi son appui pour une publication. Quand il reçoit chez ses parents, il divulgue la liste de ses invités pour profiter de leur notoriété. Au lendemain d'une soirée prestigieuse, il fait savoir qu'il s'y trouvait. Contrairement aux beaux noms anciens qu'il admire, le sien n'est pas connu ni entouré d'un quelconque mystère. En attendant mieux, c'est par la répétition qu'il frappera les esprits. À défaut de se faire aimer, Marcel doit se faire désirer.

Dans quelques années, Proust sollicitera ses amis pour qu'ils parlent en bien de son roman, *Du côté de chez Swann*; il utilisera les échos payants afin d'obtenir des comptes rendus favorables. Quand son éditeur lui apprendra que les indiscrétions, les extraits et les critiques sont les trois façons qu'ont les journalistes de parler d'un livre, il priera aussitôt ses amis d'occuper le terrain sur les trois fronts à la fois. Et pour qu'*À l'ombre des jeunes filles en fleurs* obtienne le prix Goncourt en 1919, il les enrôlera une fois encore,

Léon Daudet et Reynaldo Hahn en tête. Il se rappellera aussi que l'on n'est jamais si bien servi que par soi-même. Après avoir obtenu le prix Goncourt, il écrira lui-même un texte qu'il fera transmettre par Léon Daudet au rédacteur en chef de *L'Éclair*. Cet article éclairera rétrospectivement *Les Plaisirs et les Jours* qu'il s'apprête à publier : « C'est, comme nous le laissions prévoir dès hier, à Monsieur Marcel Proust que l'Académie Goncourt a décerné son Prix, qui excitait à l'avance tant de curiosités et de convoitises, et pour lequel il n'y avait pas moins de trente candidats, tous écrivains de mérite. En leur préférant Monsieur Marcel Proust, l'Académie violait sciemment en quelque mesure le texte même du testament de Goncourt, qui demande qu'on encourage un jeune écrivain. Monsieur Marcel Proust a quarante-sept ans. Mais la supériorité du talent a paru assez éclatante à l'Académie pour qu'elle pût laisser de côté la question d'âge. [...] Ajoutons que le puissant romancier de la *Recherche du temps perdu* (œuvre qui n'est nullement une autobiographie, comme on l'a dit quelquefois par erreur, et que des écrivains tels que Henry James et Francis Jammes ont égalée à Balzac et à Cervantès) n'est pas un débutant. Il a publié, au sortir même du collège, un ouvrage, *Les Plaisirs et les Jours*, où Anatole France voyait, a-t-il écrit, l'œuvre d'un Bernardin de Saint-Pierre dépravé et d'un Pétrone ingénu. Mais c'est à une tout autre veine, autrement vigoureuse, qu'appartient la *Recherche du temps perdu*, ainsi qu'un volume de *Pastiches*, récemment paru, et dans lequel figure, coïncidence amusante, un pastiche assez irrévérencieux des Goncourt... »

Proust ne fera qu'appliquer les recettes que Marcel est en train de rôder. Ce n'est pas un doux rêveur. Il mesure l'importance des relations. Elles lui ont permis d'échapper à l'armée, elles l'aident à publier ses premiers textes, elles serviront ses projets d'écriture. La fréquentation des salons, au-delà des joies qu'elle lui procure, s'inscrit dans cette stratégie. Pourtant, rien n'y fait. Une vilaine réputation lui colle à la peau. La cause est entendue. Aussi vrai que Dreyfus est coupable, Marcel est un dilettante, un point c'est tout. Pourquoi sont-ils si sévères ? Parce que Marcel aime trop les salons et qu'il ne s'en cache pas. En forçant le trait, il leur renvoie leur propre image. Ils ne le lui pardonnent pas.

La maladie l'avait laissé tranquille ces derniers temps. Elle se manifeste à nouveau lorsque sa carrière le rattrape. Au mois de mai 1895, sans doute poussé par son père, Marcel se présente au concours d'attaché non rémunéré à la bibliothèque Mazarine. Manque de chance, il est reçu. Classé troisième sur trois, il est affecté au dépôt légal. Pris de panique, il tente de faire nommer un autre à sa place en prétextant des raisons de santé. Non sans bon sens, l'administrateur répond que si M. Proust a une santé fragile, il n'aurait pas dû se porter candidat. Marcel le menace d'en appeler à Gabriel Hanotaux, ministre des Affaires étrangères et ami de son père. N'écoutant que son bon sens, l'administrateur octroie aussitôt deux mois de congés à l'employé récalcitrant. À la fin de l'année, Marcel obtient une prolongation d'un an. Il enchaînera les congés et ne viendra pratiquement jamais à la bibliothèque Mazarine, sauf une brève apparition après la publication des *Plaisirs et les Jours* pour en offrir un exemplaire à ses «collègues», puis chaque année en décembre pour faire renouveler son congé. Sa démission sera entérinée quelques années plus tard sur intervention de Poincaré.

L'inertie de Marcel triomphe définitivement. Adrien Proust abandonne l'idée d'une carrière pour son fils aîné. Entre-temps, Robert s'est lancé avec succès dans les études de médecine. Loin d'attiser sa colère envers Marcel, la réussite du cadet réconforte Adrien. Peut-être se rappelle-t-il qu'il n'en faisait qu'à sa tête lui aussi lorsqu'il était jeune. Son père qui approvisionnait la paroisse en cierges voulait qu'Adrien fût prêtre dans la Beauce. En brandissant pendant des années la menace d'une carrière, en imposant des échéances à Marcel, Adrien a peut-être, sans le savoir, forcé son fils à écrire plus et mieux que s'il avait été livré à lui-même.

Quand on lui a demandé, adolescent, pour quelles fautes il avait le plus d'indulgence, Marcel a répondu: «Pour la vie privée des génies.» Bien qu'encore très jeune, il pressentait peut-être qu'il serait un jour concerné par cette réponse. On devrait avoir aussi de la compassion pour les employeurs, les médecins, les agents de change, les amis, les frères et sœurs et les parents des génies car la vie avec Marcel n'est pas toujours facile. Jeanne doit le raisonner quand il dérange les domestiques à point d'heure pour ses fumigations et les dîners qu'il donnera bientôt vont créer des complications infinies. Car il commence à recevoir lui-même, au nom de ses parents et, le plus souvent, en leur présence.

Des amis, des écrivains répondent à ses invitations. Il accueille Montesquiou, Henri de Régnier, les filles de Félix Faure devenu président de la République. Il y a aussi José Maria de Heredia et sa fille, la belle Marie dont les admirateurs ont créé l'Académie canaque, une parodie de l'Académie française. Marcel en est le secrétaire perpétuel. Marie est amoureuse de Pierre Louÿs mais son père lui fait épouser Henri de Régnier qui a offert fort opportunément à Heredia d'éponger ses dettes de jeu. Marie ne pardonnera jamais ce marchandage à son mari qu'elle trompera sans vergogne avec un nombre d'amants à donner le tournis.

Pendant le dîner, aimable et attentif, Marcel change sans cesse de place pour passer un peu de temps avec chaque convive. Il s'amusera bientôt à réunir des gens qui ne se connaissent pas ou se détestent franchement. Après l'affaire Dreyfus, certains ennemis irréductibles, comme Léon Daudet et Anatole France, ne se verront plus qu'en sa présence.

115

On dîne à sept heures. Les ennemis jurés arrivent boulevard Malesherbes. Marcel les accueille sans les mettre d'emblée en présence l'un de l'autre. Il garde un œil sur eux tout en s'occupant des autres invités. Ils se cherchent âprement des yeux. Leur inimitié les attire l'un vers l'autre comme deux aimants de pôles contraires. Pour l'instant, ils s'évitent. À peine se sont-ils croisés que leurs regards se quittent. Mme Proust ignore que son fils a longuement parlé avec chacun d'eux la veille. Elle craint une altercation, elle interroge son mari de ses grands yeux sombres. Ne devrait-il pas intervenir ? Mais pour faire quoi ? Il provoquerait l'incident à vouloir l'éviter. Marcel les met vraiment dans des situations impossibles. C'est alors que leur apprenti sorcier de fils entre en scène. Va-t-il allumer la mèche qui relie ces deux barils de poudre ? Non. Il papillonne autour d'eux, il les enveloppe d'une gentillesse ouatée, il les place dans un état de grâce qui dissipe leurs querelles le temps d'un dîner. Son père avait raison, Marcel aurait pu être diplomate.

Si l'on ne rentre pas d'une soirée chez les Proust pour aller se battre en duel le lendemain, chaque dîner ou presque sera pourtant l'occasion d'un drame… entre Marcel et ses parents. Il a vu faire son père avec ses relations et s'en inspire. Mais l'imitation finit par engendrer la rivalité. À l'entendre, sa mère privilégie les dîners de son père et de son frère alors que les siens comptent autant. Jeanne trouve ses reproches injustes. Contrairement à Marcel, elle n'aime pas le «monde». Elle se force à recevoir pour son mari et ses fils, par devoir non par plaisir. De toute façon, Marcel n'est jamais content des dîners. Que l'un de ses amis pose une question inopportune à Adrien Proust – «Marcel ne devrait-il pas moins se couvrir?» – et la fête est gâchée. Dès le lendemain matin, Jeanne a droit, sur son plateau de petit déjeuner, à une longue lettre de Marcel, pleine de récriminations. Quand Jeanne hausse le ton, il pleure ou il se cabre. Il se dit brisé par des broutilles et déplore qu'elle critique sa façon de vivre lorsqu'il va bien pour redevenir gentille lorsqu'il va mal. Il lui écrit tout cela bien qu'ils vivent sous le même toit. Plus Marcel est près des gens, plus il a de choses à leur écrire.

Heureusement, il revient toujours vers elle pour lui dire son bonheur de l'avoir, avec de gentils mots remplis d'un amour passionné qui la met en joie mais l'inquiète un peu. Un jour, il lui écrira: «Ma chère petite Maman, je t'écris ce petit mot, pendant qu'il m'est impossible de dormir, pour te dire que je pense à toi. J'aimerais tant, et je veux si absolument, pouvoir me lever en même temps que toi, prendre mon café au lait près de toi. Sentir nos sommeils et notre veille répartis sur un même espace de temps aurait, aura pour moi tant de charme.»

Adrien s'absente souvent et, même lorsqu'il est à la maison, Jeanne et lui n'ont pas de grandes conversations. Le Dr Proust a peu de passions en dehors de sa profession ; ni la littérature, ni la musique ne l'attirent. Sa conversation est fade. Il y a bien la météorologie, une compétence que Jeanne se fait un devoir d'admirer mais enfin, on ne peut pas parler tous les jours de la pluie et du beau temps. Quant à Robert, les études, le sport et les jeunes femmes lui laissent peu de temps. Jeanne serait bien seule sans Marcel, dans son grand appartement sombre et encombré de meubles, aux tons rouges et noirs. Alors, le matin, elle laisse son «petit loup» dormir dans sa chambre d'enfant. Marcel ne s'habille qu'après le déjeuner. Les soirs où il ne sort pas, il travaille sur la table de la salle à manger où il remplit des cahiers entiers, près du feu, à côté de sa mère assoupie dans un fauteuil. Lorsque ses crises d'asthme le prennent, il reste éveillé toute la nuit et Jeanne s'inquiète. Il aura toujours besoin d'elle.

Marcel a obtenu sa licence de lettres. *Les Plaisirs et les Jours* ne sont pas encore terminés. Ses *Portraits de peintres* y seront incorporés : «Tu triomphes, Van Dyck, prince des gestes calmes,/Dans tous les êtres beaux qui vont bientôt mourir.» Grâce à Reynaldo, l'ouvrage s'enrichit des *Portraits de musiciens* mais les illustrations de Madeleine Lemaire ne sont pas prêtes et Marcel multiplie les ajouts. Il peaufine toujours ses textes au risque de ne pas les achever ou d'en retarder la publication. *La Fin de la jalousie* est probablement la dernière nouvelle qu'il insère dans l'ouvrage. La jalousie qui amène à soupçonner l'autre de ce dont on se sait soi-même capable.

En amour comme en littérature, il se passionne puis se détache. La rupture avec Reynaldo survient en 1896. Comme il paraît loin le temps où Marcel s'enflammait : «Je voudrais être maître de tout ce que vous pouvez désirer sur la terre pour pouvoir vous l'apporter.» Pour se préparer à une séparation inéluctable, Marcel a d'abord imaginé un éloignement provisoire. C'est un peu ce qu'ils ont vécu, sa mère et lui, pendant son service militaire. Marcel et Reynaldo ne se verraient plus pendant des périodes de huit jours, puis de quinze jours, jusqu'à la séparation définitive. Il a finalement renoncé à cette idée insupportable. Mais le pacte de vérité qu'il exige encore de ses amis est rompu. Marcel écrit à Reynaldo qu'il l'aime moins et que lui, Reynaldo, ne l'aime plus du tout. L'amour bat toujours la mesure à contretemps ; on comprend que l'on a été aimé lorsque l'on n'aime plus. Déjà détaché mais curieux de poursuivre l'expérience, Marcel exige que son ami lui dise tout, qu'il soit son «prisonnier». Reynaldo refuse, la rupture est consommée après la parution des *Plaisirs et les Jours*. Leur amour devient amitié, comme avec Jacques Bizet.

Marcel quitte d'autant plus facilement Reynaldo qu'il a déjà jeté son dévolu sur Lucien Daudet. Le fils d'Alphonse est un jeune homme élégant et mince aux traits fins avec ces grands yeux marron que Marcel aime. Lucien a sept ans de moins que lui. Mondain et cultivé, il est aussi artiste et peint sans conviction, desservi par un caractère velléitaire, écrasé par l'ombre de son père. Les deux amis ont le même sens de l'humour ; ils traquent sans pitié les « louchonneries », ces clichés que leurs victimes ont le malheur de prononcer devant eux. La « grande bleue », « Albion » ou un « Bye, bye » désinvolte les rendent hystériques. Montesquiou n'apprécie guère de tomber en embuscade dans leurs fous rires.

Les parents de Marcel désapprouvent cette relation et seraient horrifiés s'ils lisaient ses lettres à Lucien : « Mon petit, j'aimerais voir votre petite grimace dont vous me parlez et vous en corriger en vous donnant des petits coups secs. » Ils sont abasourdis lorsqu'ils découvrent une photographie compromettante où leur fils pose avec son ami Robert de Flers et Lucien. Marcel est assis, souriant, la moustache inhabituellement fournie ; son sourire est malicieux, comme s'il savait quels remous cette photographie va causer. Derrière lui, debout, Robert fixe l'objectif ; sur le côté, debout lui aussi, une main lascive posée sur l'épaule de Marcel, l'autre ramenée sur sa propre poitrine avec une grâce toute féminine, la tête légèrement penchée en avant, Lucien dépose sur Marcel un regard amoureux et pensif. Les parents Proust exigent la destruction des clichés. Ils ont beau savoir à quoi s'en tenir, leur fils n'affichera pas ses mœurs. Marcel négocie mieux qu'il ne l'avait fait du temps de Jacques Bizet ; il conservera trois exemplaires et donnera les autres à sa mère.

L'incident ressemble à celui qu'il imagine entre le héros de *Jean Santeuil*, le roman auquel il travaille à présent, et ses parents. Il se demande si « roman » est le bon mot tant Jean lui ressemble. Cette Françoise dont il s'éloigne pourrait être Reynaldo et Charlotte vers laquelle il se tourne ressemble à Lucien. À propos de ce nouveau projet, Marcel a confié à Reynaldo : « Je veux que vous y soyez tout le temps, mais comme un dieu déguisé qu'aucun mortel ne reconnaît. » Le *Wilhelm Meister* de Goethe qu'il lit alors parle d'un jeune homme qui doit quitter ses parents et trouver sa vocation.

Marcel a vingt-cinq ans lorsque paraissent enfin *Les Plaisirs et les Jours*. Cette publication vient à point nommé affirmer sa vocation d'écrivain. Malheureusement, le succès n'est pas au rendez-vous. C'est l'œuvre d'un amateur mondain empressé d'assembler des écrits disparates qui traînaient dans ses tiroirs, disent certains. Et les prénoms des personnages ! Vous en connaissez beaucoup des Baldassare et des

Violante ? Cette femme qui se prend la tête entre les barreaux de son balcon, c'est grotesque ! Même les amis de Marcel boudent un ouvrage aux soutiens trop nombreux pour être sincères. Ils lui reprochent de l'avoir dédié à Willie Heath, ce jeune Anglais mort prématurément que Marcel a, somme toute, peu connu. Comme s'il craignait leur réaction, il a conclu sa dédicace en espérant que chacun comprendrait « qu'aucun vivant, si grand soit-il ou si cher, ne doit être honoré qu'après un mort ». Mais ils ne comprennent pas et trouvent plutôt snob cette histoire d'ami anglais. À leurs yeux, Marcel trahit la littérature. Ils le brocardent en montant un petit spectacle de théâtre d'ombres. Le personnage qui représente Marcel s'entend dire que l'*Almanach Hachette* est à la fois plus riche et moins coûteux que son livre. À l'époque du lycée, Marcel les aurait bombardés de lettres. Là, il reste silencieux, blessé mais soucieux de se protéger, avec cette même réserve qui le retient désormais d'avouer ses préférences sexuelles. Il préfère se consacrer à *Jean Santeuil* et au critique d'art John Ruskin qu'il va bientôt traduire.

À la décharge de ses camarades, l'écriture est un peu maniérée. Marcel manque surtout de maturité pour traiter du temps, de l'oubli ou de la jalousie. Il n'est pas facile de donner de la puissance à ces nouvelles dépourvues d'intrigue. Mais il laisse déjà poindre son humour : « Elle avait, par confiance en Dieu, une même agitation optimiste la veille d'une garden-party ou d'une révolution, avec des gestes rapides qui semblaient conjurer le radicalisme ou le mauvais temps. » Une certaine poésie aussi : « Versailles, grand nom rouillé et doux… », « Leur vie répand les parfums doux des chevelures dénouées. » Et les grands thèmes de Proust sont là : « L'absence n'est-elle pas pour qui aime la plus certaine, la plus efficace, la plus vivace, la plus indestructible, la plus fidèle des présences ? » Albertine, le grand amour du narrateur d'*À la recherche du temps perdu*, n'est pas née mais elle est déjà conçue. « À peine une heure à venir nous devient-elle le présent qu'elle se dépouille de ses charmes, pour les retrouver, il est vrai, si notre âme est un peu vaste et en perspectives bien ménagées, quand nous l'aurons laissée loin derrière nous, sur les routes de la mémoire. » La vraie vie n'est pas celle que l'on vit mais celle que l'on revit, longtemps après, par le souvenir. Elle coule aussi dans ce rêve éveillé qu'est le désir : « L'ambition enivre plus que la gloire ; le désir fleurit, la possession flétrit toutes choses ; il vaut mieux rêver sa vie que la vivre… » En amour comme ailleurs, les désirs sont des mirages. Ils disparaissent une fois atteints, emportant avec eux le bonheur que l'on en attendait.

Les héros de Marcel sont anéantis par leur manque de volonté, submergés par leurs souvenirs, perclus de culpabilité, victimes des illusions de l'amour.

Connaîtra-t-il le même destin inutile ou trouvera-t-il assez de souffle pour produire une grande œuvre?

La critique, qui n'est pas si désastreuse, répond à cette question. L'originalité, la modernité, les «qualités d'observation» d'un auteur à «l'esprit si nouveau» plaisent à certains. Cependant, Léon Blum, cet ancien camarade de Condorcet et du *Banquet* que Marcel ne fréquentait guère, semble trouver un peu mièvre ce «beau livre» que «les belles dames et les jeunes gens liront avec un plaisir ému». Marcel appréciait peu Blum et l'avait même appelé «Monsieur je ne sais plus comment» dans une lettre écrite à Fernand Gregh où il s'opposait à la publication par *Le Banquet* d'un texte de Blum qu'il jugeait très mauvais. Mais Blum n'est pas rancunier car il ajoute: «J'attends avec beaucoup d'impatience et de tranquillité son prochain livre.» Charles Maurras, lui, s'enthousiasme franchement: «Il faut que la nouvelle génération s'accoutume à faire fond sur ce jeune écrivain.» Il est vrai que le jeune Maurras espère que Mme de Caillavet l'aidera dans sa carrière. Marcel est protégé par sa dame. Mais, une fois n'est pas coutume, Blum et Maurras sont d'accord: ce jeune Proust a de l'avenir.

Les attaques les plus féroces viennent de Jean Lorrain. Le critique voit en Marcel un de ces «jolis petits jeunes gens du monde en mal de littérature et de succès de salons» qu'Anatole France a gratifié d'une préface de complaisance. Quelques mois plus tard, Lorrain revient à la charge. Dans *Le Journal*, il gage qu'Alphonse Daudet préfacera le prochain livre de Proust «parce qu'il ne peut rien refuser à son fils Lucien». Tant de hargne surprend de la part de cet homme lui-même mondain et homosexuel. Lorrain cherche peut-être à se dédouaner. À moins qu'à travers le jeune auteur il ne vise Montesquiou qu'il déteste. Quoi qu'il en soit, Marcel y voit une allusion à sa relation avec Lucien et demande réparation. L'affaire se règle dans le bois de Meudon. Sauf duel à mort, ces affrontements font rarement des victimes, surtout avec le pistolet, moins dangereux que l'épée où le combat ne cesse qu'au premier sang. Un accident est cependant toujours possible. Depuis son service militaire, Marcel sait qu'il vise mal. Mais qu'en est-il de Lorrain? Et si l'un des adversaires, par maladresse, touchait l'autre en voulant l'éviter? Si Marcel meurt, sa vie intérieure connue de lui seul disparaîtra aussi puisqu'il n'a pas encore écrit une œuvre qui puisse lui survivre. Heureusement, personne n'est blessé. On trouve à Marcel «un sang-froid et une fermeté [...] qui paraissaient incompatibles avec ses nerfs [...]». Le lendemain, les lettres de félicitations affluent boulevard Malesherbes.

On peut être inverti et courageux, Marcel veut le prouver. Son courage physique est remarquable pour un jeune homme aux nerfs et à la santé fragiles. Il sera encore mis à rude épreuve dans quelques années lorsqu'il écrira jusqu'à l'épuisement. Mais c'est aussi par le courage de ses opinions qu'il se distingue et bat en brèche l'image d'un salonnard à la courbette facile.

Marcel est encore plus allergique au dogmatisme qu'aux pollens. Ce n'est pas peu dire. En politique, il rejette les extrêmes comme il a rejeté, il y a quelques années, le boulangisme au profit d'une majorité républicaine. C'est un conservateur éclairé qui déteste la «vulgarité de l'esprit bourgeois satisfait» et l'esprit «classe dirigeante». Il ne faut surtout pas compter sur lui pour crier avec les loups. Dans un article publié par *Le Banquet*, il a déploré que l'irréligion d'État ait remplacé la religion d'État avec «le même cortège de fanatisme, d'intolérance et de persécution». Bientôt, il condamnera certains prêtres antisémites tout en fustigeant l'anticléricalisme. Il sera patriote sans être nationaliste et dreyfusard sans être anti-militariste.

C'est vraisemblablement lors d'une réunion chez Geneviève Straus qu'il apprendra l'innocence de Dreyfus, en octobre 1897. Marcel se décernera le titre de «premier des dreyfusards» pour avoir fait signer par Anatole France la pétition en faveur de Zola. Ses amis Gregh et Halévy s'attribueront le même exploit. *Ex aequo* pour le mérite, ils le seront aussi pour leur vantardise, sans doute due à leur admiration pour Anatole France. Il n'en reste pas moins que, à partir de 1898, Marcel, passionné par le procès de Zola, défendra Dreyfus et ses partisans. À sa façon.

Le colonel Picquart est le véritable héros de l'Affaire. Il a risqué sa vie et sa liberté pour la vérité. Il est en prison lorsqu'il reçoit un livre de la part d'un admirateur : *Les Plaisirs et les Jours*. Ce titre au goût amer quand on croupit dans une geôle confinerait à l'humour noir si l'admirateur en question n'était pas l'auteur. Marcel ne fait pas une mauvaise plaisanterie. Il pense sincèrement que cette lecture soutiendra le moral de l'officier qu'il a rencontré lors d'une soirée chez un éditeur et dont le prestige se serait encore accru lorsque Marcel aurait appris qu'il connaissait personnellement M. Darlu.

Il se démène aussi pour rassembler des signatures prestigieuses en faveur de Picquart, bien que ses efforts ne soient pas toujours couronnés de succès. Il écrit à Mme Straus pour lui demander, avec un luxe de précautions, de lui obtenir un soutien : « [...] j'ai promis à Monsieur France de m'adresser à vous pour Monsieur d'Haussonville, à qui vous pourriez d'ailleurs très bien dire que c'est de la part de France. L'adresse serait, exprès, conçue en termes si modérés que cela n'engagerait en rien les signataires sur l'affaire Dreyfus elle-même. Et Monsieur d'Haussonville, qui a tant de cœur, d'élévation d'esprit, ne vous le refusera peut-être pas.» Mauvaise pioche! Haussonville rejoindra la ligue de la «Patrie française» et c'est à l'allemande qu'il prononcera dorénavant le nom de celle qui fut son amie, Geneviève Chtraôss.

Quand Marcel s'aperçoit que le journal qui publie la pétition a oublié de faire figurer son nom parmi les signataires, il écrit au directeur: «Je sais que mon nom n'ajoute rien à la liste. Mais le fait d'avoir figuré sur la liste ajoutera à mon nom... Je crois qu'honorer Picquart, c'est honorer l'armée, dont il incarne l'esprit sublime de sacrifice, à des fins qui dépassent l'individu.» Pour Marcel, l'armée n'a pas de meilleur moyen de sauver son honneur que de dire la vérité.

Sa façon d'agir, prudente et mondaine, n'enlève rien à son mérite. Après tout, Marcel est Marcel. On ne s'attend pas à ce qu'il fasse le coup de poing dans la rue. Allait-il de soi pour lui d'être dreyfusard?

Sa mère est juive mais son père est antidreyfusard. D'ailleurs, lorsqu'il apprend que Marcel et son frère ont signé des pétitions, il ne leur adresse pas la parole pendant huit jours, au grand désespoir de Jeanne qui soutient ses fils. La ligne de front de l'Affaire passe au milieu des familles. De toute façon, le fait que Jeanne soit juive est plutôt un handicap pour donner de la voix en faveur de Dreyfus. Un non-juif risque moins d'être taxé de partialité. Marcel n'est pas dreyfusard parce que sa mère est juive mais malgré cela. Il est vrai aussi que ses amis de Condorcet, les milieux littéraires et les salons bourgeois qu'il fréquente sont largement partisans de Dreyfus. Mais les salons aristocratiques sont majoritairement antidreyfusards. Tout un pan de relations dont Marcel a entrepris la conquête risque de s'effondrer. Son engagement l'éloigne de gens du monde au soutien desquels il tenait pourtant. Si Marcel avait placé la prudence avant le courage, il aurait louvoyé comme beaucoup d'autres.

À la fin de l'Affaire, Marcel se réjouira pour Dreyfus et Picquart mais il ne se brouillera pas avec les Daudet ou d'autres antidreyfusards, du moins ceux qui ne lui fermeront pas leur porte. Il sait que les querelles s'apaisent avec le temps. Elles sont si dérisoires quand on est au seuil de la mort. Rien ne résiste. Les plus belles situations sociales s'effondreront un jour. Les colères de Montesquiou s'amolliront comme un biscuit bien dur trempé dans le café, le bel esprit de Mme Straus faiblira, la beauté de Laure Hayman se fanera. D'autres viendront, le baron de Charlus, la duchesse de Guermantes, Odette de Crécy qui subiront à leur tour le même sort. Les plus méfiants le savent longtemps à l'avance; les autres le découvrent à la fin. Après la mort de Nathé, il écrira à sa mère: «Quand on voit... comment tout finit, à quoi bon se chagriner pour des peines ou se dévouer pour des causes dont rien ne restera. On ne comprend plus que le fatalisme des musulmans. » Comme tous les grands rêveurs, Marcel se montre d'une lucidité insupportable pour certains.

En ce mois de mai 1896, tandis que la vérité sur l'innocence de Dreyfus est en marche sans qu'on le sache encore, l'oncle Louis meurt. Quelques semaines après, Nathé disparaît à son tour. Marcel a passé les derniers jours auprès de son grand-père, autant pour lui que pour Jeanne. Adèle, Louis, Nathé, les anciens sont partis. Leur mort en annonce d'autres et Marcel ressent déjà une peine à venir, plus profonde, celle qu'il aura quand sa mère mourra.

À l'automne, il séjourne à Fontainebleau avec Léon Daudet, le frère de Lucien. Il pleut à verse, Marcel est reclus dans une chambre hostile car elle ne lui est pas familière. Sa mère ne lui a jamais tant manqué, ils s'écrivent une ou deux fois par jour. Une angoisse jusqu'alors inconnue le saisit lors d'une conversation téléphonique avec Jeanne. Il n'écoute pas ses paroles mais sa voix désincarnée, brisée par ces disparitions soudaines. Marcel a du chagrin pour sa mère, Jeanne essaie de réconforter son fils, Marcel est inconsolable.

La maison d'Auteuil va être vendue. Elle sera démolie. À la place, on construira des immeubles. Puis l'avenue Mozart éventrera le quartier. Bientôt, plus personne ne se rappellera comment c'était avant.

Marcel a vingt-cinq ans, presque vingt-six. Son œuvre reste à venir. Aura-t-il un jour lui aussi des «fidèles», des «coreligionnaires» en Marcel Proust? Peut-être. Ou alors cette œuvre ne viendra jamais. Il restera un charmant jeune homme cultivé à la conversation brillante, l'un des hommes les plus lettrés de sa génération. Plus tard, si son asthme le lui permet, il sera un vieux monsieur plus cultivé encore, sauf s'il meurt prématurément dans un duel. Tout est possible.

Ces dernières années ont été bien remplies. Marcel a examiné sous toutes les coutures ce «monde» qui s'ouvrait à lui. Son homosexualité lui apparaît clairement. *Les Plaisirs et les Jours* ont été publiés. Sa carrière n'est plus qu'un mauvais souvenir. S'il en a la volonté, il se consacrera à l'écriture. *Jean Santeuil* porte désormais ses espoirs. Marcel aimerait parler de l'angoisse qui le saisit le soir avant le coucher, du baiser maternel qui l'apaise, des années d'école, des vacances de Pâques à la campagne, d'une certaine Marie Kossichef dont Jean tombe amoureux, d'un professeur de philosophie, de la vie de garnison, de la nécessité de choisir une carrière, de vacances à Beg-Meil avec l'ami Henri de Réveillon, de la vie mondaine, du sadisme d'Ernestine qui fait pleurer les filles de cuisine, d'un écrivain, d'une scène au téléphone entre Jean et sa mère, de l'affaire Dreyfus. Mais les événements dont il s'inspire sont frais comme une noblesse d'Empire. Leurs racines sont tendres et peu profondes. Il faudrait prendre le temps de les oublier pour mieux les retrouver après, plus beaux, plus vrais que nature. Jean se demande «quels sont les rapports secrets, les métamorphoses nécessaires qui existent entre la vie d'un écrivain et son œuvre, entre la réalité et l'art, [...] entre les apparences de la vie et la réalité même qui en faisait le fond durable et que l'art a dégagée». Il est trop jeune pour répondre à cette question. Prisonnier du présent, il peine à prendre son envol.

Pour Marcel, la vie ne vaut que si l'on accomplit quelque chose. Dans *Les Plaisirs et les Jours*, il s'est livré à un éloge de la maladie: «Douceur de la suspension de vivre, de la vraie "Trêve de Dieu" qui interrompt les travaux, les désirs mauvais, [...].» Une pause nécessaire tant il est difficile de vivre une vie qui vaille la peine d'être vécue: «On prend tant d'engagements envers la vie qu'il vient une heure où, découragé de pouvoir jamais les tenir tous, on se tourne vers les tombes, on appelle la mort, la mort qui vient en aide aux destinées qui ont peine à s'accomplir. Mais si elle nous délie des engagements que nous avons pris envers la vie, elle ne peut nous délier de ceux que nous avons pris envers nous-mêmes, et du premier surtout, qui est de vivre pour valoir et mériter.» Derrière les «plaisirs» pointent les «travaux». Marcel se rappelle à l'ordre.

Mais pour faire surgir la vie telle qu'il la voit de son arche, Marcel va devoir chercher au plus profond de lui. Les leçons de Darlu lui seront précieuses. Les vérités qu'il découvrira seront d'autant plus universelles qu'elles seront personnelles. Elles lui permettront aussi de s'accepter tel qu'il est. Il faut encore du temps. Et plus le temps passera, plus les vérités seront enfouies. Cela lui fait un peu peur.

Un soir de mai 1897, Marcel reçoit boulevard Malesherbes, pour un dîner dont *Le Gaulois* se fera l'écho le lendemain matin. Reynaldo et Gaston sont là, avec Anatole France, le comte Louis de Turenne, des piliers de salons, des gens du faubourg Saint-Germain. Il y a aussi le maître d'armes Gustave de Borda, dit «Borda Coup d'Épée», et le peintre Jean Béraud, ses témoins dans le duel avec Jean Lorrain. C'est un dîner masculin, un dîner à l'anglaise. Mme Proust n'est pas des leurs, toujours endeuillée par la perte de Louis et de Nathé. Le Dr Proust a laissé le champ libre à son fils. Robert de Montesquiou avec lequel Marcel s'est réconcilié pour la énième fois le complimente pour *Les Plaisirs et les Jours* avec une phrase toute en rythme: «Et j'aime en passant à saluer d'un élogieux souvenir le joli livre de début de notre jeune ami [...]» Marcel ne croit pas si bien dire lorsqu'il lui répond en riant: «Me voici immortel!»

Postface

En 1899, Marcel abandonne *Jean Santeuil* auquel il n'a pas réussi à donner une forme qui lui convienne. Un autre projet l'occupe déjà. Il veut traduire en français *La Bible d'Amiens* du critique d'art anglais John Ruskin, un livre consacré à l'architecture et aux sculptures de la cathédrale d'Amiens. Marcel ne parle pas vraiment anglais. En revanche, il comprend la pensée de Ruskin et sa mère parle anglais. Elle lui fournira une traduction littérale dont il fera un texte original. Jeanne est ravie d'aider son fils auquel ce travail apportera un peu de discipline. Marcel en est convaincu, cette expérience servira son propre style et le mettra sur la voie de la création. L'ouvrage publié en 1904 est bien plus qu'une traduction. Une préface et des notes ajoutent à l'œuvre de Ruskin. Marcel cherchait, il commence à trouver. Sur sa lancée, il traduit *Sésame et les Lys* du même auteur. Dans sa longue et belle préface, il contredit Ruskin selon lequel la lecture *est* la vie spirituelle alors qu'elle n'en est que l'antichambre. C'est en soi-même que l'on découvre la vérité, pas dans la pensée d'un autre. Marcel est prêt à se détacher de ses maîtres.

Ses parents disparaissent l'un et l'autre en peu de temps. Adrien Proust meurt en 1903 d'une hémorragie cérébrale, en plein travail. Jeanne qui ne s'est jamais remise de la mort de sa mère prend le deuil pour ne plus le quitter. Elle vit désormais dans le culte de son mari. Deux ans plus tard, elle succombe à une crise d'urémie, ce mal qui emporta sa mère quinze ans plus tôt. Peu avant sa mort, elle a confié à la religieuse qui la soignait que, pour elle, Marcel aurait toujours quatre ans.

Il en a trente-quatre. Durement éprouvé, il se retrouve seul dans le grand appartement familial de la rue de Courcelles où il met la dernière main à *Sésame et les Lys*. À la fin de l'année, il s'installe dans un appartement où son oncle Georges a vécu, boulevard Haussmann.

Ses parents ne sont plus là pour l'aimer. Ni pour le lire. Il songe à un roman qu'il intitulerait *Sodome et Gomorrhe*. *Les Stalactites du passé, Reflets dans la patine, Le Visiteur du passé* et bien d'autres idées encore lui viendront à l'esprit avant que « temps perdu » et « temps retrouvé » n'imposent au roman son titre définitif: *À la recherche du temps perdu.*

Marcel sort moins et passe le plus clair de son temps dans son appartement. Il écrit couché et complète ses textes d'incessants ajouts. Il ne donne plus de dîners chez lui comme au temps de ses parents. Ses vacances à Cabourg, ses sorties à Paris sont surtout mises à profit pour compléter la documentation de son roman. Sans se détourner de son but, il laisse s'intercaler d'autres projets. Il réunit ses articles et ses chroniques. Il publie des *Pastiches* où il imite le style d'écrivains tels que Balzac, Flaubert ou Renan à partir d'un thème unique, l'affaire Lemoine, du nom d'un escroc qui prétendait savoir fabriquer des diamants. Il commence un essai sur Sainte-Beuve qui se transforme en roman et que les éditeurs refusent.

Ces dernières années, de nouveaux amis sont apparus: Antoine Bibesco, Bertrand de Fénelon, le duc de Guiche, Gabriel de La Rochefoucauld, le prince Radziwill, Francis de Croisset, le marquis d'Albufera dont la liaison avec l'actrice Louisa de Mornand inspirera celle de Saint-Loup et Rachel. Plus tard viendra le temps de Paul Morand et de la princesse Soutzo que Marcel fera mine de courtiser. Pour l'instant, Marcel est épris d'Alfred Agostinelli, un chauffeur de taxi dont il fait son secrétaire et qu'il accueille chez lui avec sa compagne.

Entre 1912 et 1913, Marcel cherche désespérément à faire éditer *Du côté de chez Swann* par lequel commencera *À la recherche du temps perdu*. Après de multiples refus dont celui de Gide pour la *Nouvelle Revue Française*, il convainc Bernard Grasset de le publier. Pour conserver son indépendance et ne pas perdre son temps à négocier, il propose de supporter les frais d'édition.

Alfred Agostinelli disparaît dans un accident d'avion en 1914. Le chagrin de Marcel s'accompagne d'un sentiment de culpabilité. S'il n'avait pas payé pour le brevet de pilote et l'avion, Alfred serait encore vivant. Comme il n'est pas mobilisé à cause de sa santé, il se lance dans l'écriture d'*Albertine disparue*. La guerre retarde la publication de son œuvre ; il en profite pour l'étoffer, le roman enfle démesurément. Céleste Albaret qui est entrée au service de Marcel à la fin de l'année 1913 aide et protège jalousement cet être à part.

Marcel cède au repentir de Gide. Il lâche Grasset pour Gallimard. En 1919, cette maison réédite *Du côté de chez Swann* et publie *À l'ombre des jeunes filles en fleurs*. C'est le succès. Enfin. Les *Plaisirs et les Jours* sont bien loin maintenant. *À l'ombre des jeunes filles en fleurs* remporte le prix Goncourt 1919 face aux *Croix de bois* de Roland Dorgelès. Marcel a lancé toutes ses forces dans la bataille : son talent, son travail et ses amis. C'est un bel exploit de damer le pion à un « écrivain de guerre » un an seulement après la victoire sur l'Allemagne. Surtout de la part d'un homme de l'arrière qui, pendant le conflit, critiquait le chauvinisme aveugle et défendait Wagner. L'année suivante, Marcel Proust est décoré de la Légion d'honneur. Son plaisir est immense. Il a beaucoup travaillé, il est récompensé, il doit penser à son père.

Marcel écrit comme un forcené. Tous les jours, ou plutôt toutes les nuits. Enfin, victorieux, il inscrit le mot « fin » sur son manuscrit tout en continuant à y travailler. En septembre 1922, sa santé se détériore subitement. La bronchite devient pneumonie. Dans la nuit du 17 novembre, il travaille encore à la mort de Bergotte. Le lendemain, Marcel Proust s'éteint en milieu d'après-midi, à l'heure où, depuis quelques années, il avait pris l'habitude de se réveiller pour commencer sa « journée ».

Chronologie

1834   Naissance à Illiers d'Adrien Proust, fils de François Proust, épicier, et de Virginie Torcheux.

1849   Naissance à Paris de Jeanne Weil, fille de Nathé Weil, financier, et d'Adèle Berncastel.

1855   Mort de François Proust, grand-père paternel de Marcel.

1870   Mariage d'Adrien Proust et de Jeanne Weil.

1871   10 juillet: naissance à Auteuil de Marcel Proust.

1873   24 mai: naissance de Robert Proust, frère de Marcel.

Août : emménagement de la famille Proust au 9 boulevard Malesherbes, à Paris. Marcel y passera sa jeunesse.

1879   Élection du Dr Proust à l'Académie de médecine.

1881   Violente crise d'asthme après une promenade.

1882   Entrée en classe de cinquième au lycée Fontanes qui prend le nom de Condorcet l'année suivante.

1885   Le Dr Proust est nommé professeur d'hygiène à la Faculté de médecine. Marcel est en seconde.

1886   Premier « questionnaire ». Marcel aime ou admire : sa maman, Socrate, Périclès, Mahomet, Musset, Pline le Jeune, l'historien Augustin Thierry, Meissonier, Mozart.
Dernières vacances à Illiers pour la succession de la tante Amiot, sœur d'Adrien Proust.
Redoublement de sa seconde.

1887   Octobre : entrée en classe de rhétorique.

1888   Octobre : entrée en classe de philosophie, dernière année de lycée avant le baccalauréat. Fondation à Condorcet de *La Revue verte* et de *La Revue lilas.*

1889   Mars : mort de Virginie Proust, grand-mère paternelle de Marcel.
Octobre : diplôme de bachelier.
Novembre : début du service militaire à Orléans.

1890   Janvier : mort d'Adèle Weil, grand-mère maternelle de Marcel.
Novembre : inscription à l'École libre des sciences politiques et à la faculté de droit. Début de la collaboration au *Mensuel.*

1891   Fréquentation plus assidue des salons.
Septembre-octobre : vacances à Cabourg et à Trouville.

1892   Mars : premier numéro du *Banquet.*
Deuxième «questionnaire». Hormis sa mère, toujours présente, le panthéon de Marcel est entièrement renouvelé : sa grand-mère, Anatole France, Pierre Loti, Baudelaire, Alfred de Vigny, Hamlet, Bérénice,

Beethoven, Wagner, Shuhmann (*sic*), Léonard de Vinci, Rembrandt, M. Darlu, M. Boutroux, Cléopâtre.

Juillet : portrait de Marcel par Jacques-Émile Blanche.

1893   Février : parution de *Violante ou la mondanité* dans *Le Banquet* (nouvelle insérée ultérieurement dans *Les Plaisirs et les Jours*).

Avril : rencontre avec le comte Robert de Montesquiou, un des modèles du baron de Charlus dans la *Recherche*.

Septembre : publication par *La Revue blanche* d'une nouvelle, *Mélancolique villégiature de Mme de Breyves* (nouvelle insérée ultérieurement dans *Les Plaisirs et les Jours*).

Octobre : mort de William Heath. Licence en droit.

Automne : début de la licence de lettres après la médiation de M. Grandjean.

Décembre : publication par *La Revue blanche* d'une nouvelle, *Avant la nuit*.

1894   Avril : parution au *Ménestrel* de *Mensonges*, poésie de Marcel Proust sur une musique de Léon Delafosse.

Mai : rencontre avec Reynaldo Hahn. Fête à Versailles donnée par Montesquiou.

Publication par *Le Gaulois* d'*Une fête littéraire à Versailles*.

Août : nouvelle rencontre avec Reynaldo Hahn, chez Mme Lemaire.

Septembre : vacances à Trouville, à l'hôtel des Roches noires.

Rédaction de *La Confession d'une jeune fille* (nouvelle insérée ultérieurement dans *Les Plaisirs et les Jours*).

Décembre : procès d'Alfred Dreyfus.

1895 Janvier-février : dégradation et déportation d'Alfred Dreyfus.

Mars : licence ès lettres (philosophie).

Juin : début d'une carrière « pratique » mais éphémère à la bibliothèque Mazarine. *Le Gaulois* publie les *Portraits de peintres*.

Juillet : vacances en Allemagne.

Août-septembre : vacances avec Reynaldo Hahn à Dieppe et à Beg-Meil. Rencontre du peintre Harrison, un des modèles d'Elstir dans la *Recherche*.

Octobre : publication par *La Revue hebdomadaire* d'une nouvelle, *La Mort de Baldassare Silvande* (nouvelle insérée ultérieurement dans *Les Plaisirs et les Jours*).

Début de la rédaction de *Jean Santeuil*.

1896   Mars : publication d'une nouvelle, *L'Indifférent*, par *La Vie contemporaine et la Revue parisienne réunies*.

Mai : mort de Louis Weil, grand-oncle de Marcel Proust.

Juin : publication des *Plaisirs et les Jours* par Calmann-Lévy. Mort de Nathé Weil, grand-père maternel de Marcel Proust.

Juillet : publication de *Contre l'obscurité* par *La Revue blanche*.

Octobre : séjour à Fontainebleau avec Léon Daudet.

1897   Février : duel avec le critique Jean Lorrain à la suite d'un article jugé insultant.

Étude de l'œuvre du critique d'art Ruskin.

1898   Janvier : publication de « J'accuse » par Émile Zola.

Février : procès de Zola. Marcel Proust y assiste et le décrit dans *Jean Santeuil*. Pétitions.

Juillet : opération chirurgicale de sa mère ; vive inquiétude.

Octobre : voyage à Amsterdam pour l'exposition Rembrandt.

1899   Abandon de *Jean Santeuil* (roman publié en 1952).

Étude de Ruskin et de l'art médiéval.

Septembre : après cassation du premier jugement, nouvelle condamnation de Dreyfus
(avec circonstances atténuantes).

Début de la traduction de *La Bible d'Amiens*
de Ruskin avec l'aide de sa mère puis de
Marie Nordlinger, cousine de Reynaldo
Hahn.

1900   Mort de Ruskin. Publication par Marcel
Proust d'articles sur Ruskin.

Avril : voyage à Venise avec sa mère.

Octobre : voyage à Venise seul.

Les Proust s'installent au 45, rue de Courcelles
à Paris.

1901   Achèvement de la traduction de *La Bible
d'Amiens*.

1902   Mort de Charles Haas. Sa «deuxième vie» va
pouvoir commencer, sous le nom de Swann.

Octobre : voyage en Hollande pour admirer
la *Vue de Delft* de Vermeer.

1903   Janvier : mariage de son frère Robert.

Publication par *Le Figaro* d'une série d'articles
sur les salons.

Novembre : mort de son père, Adrien Proust.

1904   Janvier : début de la traduction de *Sésame et les Lys* de Ruskin.
        Février : publication de *La Bible d'Amiens* par Le Mercure de France.

1905   Juin : visite de l'exposition Whistler, un des modèles d'Elstir dans la *Recherche*.
        Août : publication d'un article sur Robert de Montesquiou intitulé *Un professeur de beauté*.
        Septembre : mort de sa mère, Jeanne Proust.

1906   Mai : publication de *Sésame et les Lys* par Le Mercure de France. La préface *Sur la lecture* sera reprise ultérieurement dans *Pastiches et Mélanges* sous le titre *Journées de lecture*.
        Juillet : réhabilitation de Dreyfus.

1907   Février : publication par *Le Figaro* de *Sentiments filiaux d'un parricide* (inséré ultérieurement dans *Pastiches et Mélanges*).
        Août-septembre : vacances à Cabourg, au Grand Hôtel. Rencontre avec Alfred Agostinelli, chauffeur de taxi. Visite de villes normandes anciennes et de leurs édifices religieux.
        Novembre : publication par *Le Figaro* d'*Impressions de route en automobile*.

1908 Février-mars : publication par *Le Figaro* de *Pastiches* (insérés ultérieurement dans *Pastiches et Mélanges*).
Début d'un essai sur Sainte-Beuve et d'un récit réunis ensuite en un texte unique ; *Contre Sainte-Beuve* ne sera publié qu'en 1954.
Vacances à Cabourg.

1909 Transformation en roman du texte contre Sainte-Beuve. Refus des éditeurs.

1910 Travail sur les textes qui deviendront *Du côté de chez Swann* et *Le Côté de Guermantes*.

1911 *Les Intermittences du cœur, le temps perdu, 1re partie* est proposé à l'éditeur Fasquelle ; le second volume s'intitulerait *Le Temps retrouvé*.

1912 Mars : publication par *Le Figaro* d'extraits du roman.
Décembre : refus de Fasquelle et de la *Nouvelle Revue Française*.

1913 Janvier : engagé comme secrétaire, Agostinelli loge avec sa compagne chez Marcel Proust.

Février : refus de l'éditeur Ollendorff. Proposition faite par Marcel Proust à Bernard Grasset de le publier à ses frais.

Automne : embauche de Céleste Albaret.

Novembre : parution de *Du côté de chez Swann* chez Grasset.

Décembre : départ soudain d'Agostinelli et de sa compagne.

1914 Mars : proposition de la *Nouvelle Revue Française* de publier la suite de *Du côté de chez Swann.*

Pertes financières importantes à la suite de spéculations.

Mai : mort d'Alfred Agostinelli dans un accident d'avion. Rédaction d'*Albertine disparue.*

Août : début de la guerre. Marcel Proust n'est pas mobilisé.

1915 Avril-septembre : commission de réforme. Suggestion faite par un officier à Marcel Proust pour sa demande de réforme : « Faites-le en termes concis, sans entrer dans tous les détails que vous me donnez. »

Retard pris dans la publication du deuxième volume du roman à cause de la guerre.

Rédaction dans leurs grandes lignes de *Sodome et Gomorrhe*, *La Prisonnière* et *Albertine disparue*.

1916   Septembre : rupture avec Grasset au profit de Gallimard.
        Rencontres fréquentes avec Paul Morand.
        Fréquentation d'une maison de passe où Marcel Proust assisterait à des scènes sado-masochistes tout en redoutant les descentes de police.

1917   Regain d'activités mondaines et de sorties.
        Travail sur le roman.

1918   Novembre : impression de *Du côté de chez Swann* (réédition) et de *À l'ombre des jeunes filles en fleurs*.

1919   Emménagement au 44, rue Hamelin à Paris.
        Publication de *Pastiches et Mélanges*, *Du côté de chez Swann* (réédition) et *À l'ombre des jeunes filles en fleurs*.
        Décembre : prix Goncourt pour *À l'ombre des jeunes filles en fleurs*.

1920   Janvier : publication d'*À propos du style de Flaubert* par la *Nouvelle Revue Française*.

Septembre: nomination au grade de cheva-
lier de la Légion d'honneur.
Octobre: parution de *Le Côté de Guermantes I.*
Novembre: préface de *Tendres Stocks* de Paul
Morand, consacrée au style.

1921   Mai: parution de *Le Côté de Guermantes II*
et de *Sodome et Gomorrhe I.*
Exposition de peinture hollandaise au Jeu
de Paume où Marcel Proust revoit la *Vue
de Delft* de Vermeer dont il s'inspire pour
écrire la scène de la mort de Bergotte.

1922   Avril: parution de *Sodome et Gomorrhe II.*
Mai: dîner avec Picasso, Joyce et Stravinski.
18 novembre: mort de Marcel Proust.

Bibliographie

DE MARCEL PROUST

À la recherche du temps perdu, Gallimard, La Pléiade, 1987-1989.
Les Plaisirs et les Jours, Gallimard, 1924.
Jean Santeuil, de Fallois, Gallimard, 1952.
Pastiches et Mélanges, Gallimard, 1919.
Contre Sainte-Beuve, de Fallois, 1954.
Chroniques, Gallimard, 1927.
L'Indifférent, Gallimard, NRF, 1978.
Traduction, notes et préface de *La Bible d'Amiens*, John Ruskin, Mercure de France, 1904.
Traduction, notes et préface de *Sésame et les Lys*, John Ruskin, Mercure de France, 1906.

SUR MARCEL PROUST

Biographies

Évelyne Bloch-Dano, *Madame Proust*, Le Livre de Poche, 2004.

Ghislain de Diesbach, *Proust*, Perrin, 1991.

André Ferré, *Les Années de collège de Marcel Proust*, Gallimard, 1959.

Claude Mauriac, *Proust par lui-même*, Le Seuil, 1953.

André Maurois, *À la recherche de Marcel Proust*, Hachette, 1949.

George D. Painter, *Marcel Proust*, Taillandier, édition 2008.

Christian Péchenard, *Proust et son père*, Quai Voltaire, 1993.

Léon-Pierre Quint, *Marcel Proust, sa vie, son œuvre*, Le Sagittaire, 1935.

Jean-Yves Tadié, *Marcel Proust*, Gallimard, coll. « Folio », 1996.

Jean-Yves Tadié, *Proust, La cathédrale du temps*, Gallimard Découvertes.

Études et essais

Hommage à Marcel Proust, Nouvelle Revue Française, 1923.

Henri Bonnet, *Les Amours et la sexualité de Marcel Proust*, Librairie A. G. Nizet, 1985.

Bernard Brun, *Marcel Proust, Idées reçues*, Le Cavalier Bleu, 2007.

Nicolas Grimaldi, *La Jalousie, étude sur l'imaginaire proustien*, Actes Sud, 1993.

Jérôme Prieur, *Proust fantôme*, Gallimard, coll. « Folio », 2006.

Correspondance

Correspondance avec sa mère 1887-1905, Plon, 1953.

Correspondance 1880-1895, Plon, 1970.

Louis de Robert, *Comment débuta Marcel Proust*, Gallimard, 1969.

Correspondance, Flammarion, 2007.

Témoignages et souvenirs

Céleste Albaret, *Monsieur Proust*, Laffont, 1973.

Robert Dreyfus, *Souvenirs sur Marcel Proust*, Grasset, 1926.

Maurice Duplay, « Mon ami Marcel Proust, souvenirs intimes », *Cahiers Marcel Proust*, Gallimard, 1972.

Fernand Gregh, *Mon amitié avec Marcel Proust*, Grasset, 1958.

René Peter, *Une saison avec Marcel Proust*, Gallimard, 2005.

Autres

Le Monde de Proust vu par Paul Nadar, Éditions du patrimoine, 1999.

Anne Martin-Fugier, *Les Salons de la IIIe République*, Perrin, 2003.

Vincent Duclert, *L'Affaire Dreyfus*, Larousse, 2006.

Déjà parus
au Diable vauvert

Catalogue disponible sur demande
contact@audiable.com

LITTÉRATURE

JUAN MIGUEL AGUILERA

La Folie de Dieu, roman, Prix Imaginales 2002, Prix Bob
Morane étranger 2002

Rihla, roman

Mondes et Démons, roman

Le Sommeil de la raison, roman, Prix Masterton 2006

AYERDHAL

Chroniques d'un rêve enclavé, roman

Le Chant du Drille, roman

Transparences, roman, Prix du polar Michel Lebrun 2004,
Grand Prix de l'Imaginaire 2005

Demain, une oasis, roman, Grand prix de l'Imaginaire 1993

Balade choreïale, roman

Mytale, roman

La Bohême et l'Ivraie, roman

Résurgences, roman

JULIEN BLANC-GRAS

Gringoland, roman, Lauréat du Festival du premier roman
de Chambéry 2006

Comment devenir un dieu vivant, roman

PIERRE BORDAGE

L'Évangile du serpent, roman, Prix Bob Morane 2002

L'Ange de l'abîme, roman

Les Chemins de Damas, roman

Porteurs d'âmes, roman

Le Feu de Dieu, roman

Les Fables de l'Humpur, roman

POPPY Z. BRITE

Self made man, nouvelles

Plastic Jesus, roman

Coupable, essai

Petite cuisine du diable, nouvelles
Alcool, roman
La Belle Rouge, roman
OCTAVIA BUTLER
La Parabole du semeur, roman
La Parabole des talents, roman, Prix Nebula 1994
Novice, roman
SIMON CASAS
Taches d'encre et de sang, récit
FRÉDÉRIC CASTAING
Siècle d'enfer, roman
THOMAS CLÉMENT
Les Enfants du plastique, roman
FABRICE COLIN
La Mémoire du vautour, roman
DENYS COLOMB DE DAUNANT
Les Trois Paradis, roman
Le Séquoia, roman
La Nuit du sagittaire, récit
DOUGLAS COUPLAND
Toutes les familles sont psychotiques, roman
Girlfriend dans le coma, roman
Hey, Nostradamus! roman
Eleanor Rigby, roman
jPod, roman
TONI DAVIDSON
Cicatrices, roman
Intoxication, anthologie
YOUSSOUF AMINE ELALAMY
Les Clandestins, roman, Prix Atlas 2001
JAMES FLINT
Habitus, roman
Douce apocalypse, nouvelles
Électrons libres, roman
CHRISTOPHER FOWLER
Démons intimes, nouvelles
JOSÉ FRÈCHES
Le Centre d'appel, roman
NEIL GAIMAN
Miroirs et Fumée, nouvelles

American Gods, roman Prix Hugo 2002, Prix Bram Stoker 2002, Prix Locus 2002, Prix Nebula 2003, Prix Bob Morane 2003

Anansi Boys, roman

Stardust, roman

Des choses fragiles, nouvelles, Prix de l'imaginaire 2009

NEIL GAIMAN, TERRY PRATCHETT

De bons présages, roman

NIKKI GEMMELL

La Mariée mise à nu, roman

WILLIAM GIBSON

Tomorrow's parties, roman

Identification des schémas, roman

Code source, roman

GIN

Bad Business, roman

XAVIER GUAL

Ketchup, roman

THOMAS GUNZIG

Mort d'un parfait bilingue, roman, Prix Victor Rossel 2001, Prix Club Med 2001

Le Plus Petit Zoo du monde, nouvelles, Prix des Éditeurs 2003

Kuru, roman

10 000 litres d'horreur pure, roman, Prix Masterton 2008

Assortiment pour une vie meilleure, nouvelles

NORA HAMDI

Des poupées et des anges, roman, Prix Yves Navarre 2005

Plaqué or, roman

SCOTT HEIM

Mysterious Skin, roman

Nous disparaissons, roman

GRÉGOIRE HERVIER

Scream test, roman, Prix Polar derrière les murs 2007, Prix Méditerranée des lycéens 2007, Prix Interlycées professionnels de Nantes 2007

Zen City, roman

ANDRÉS IBÁÑEZ

Le Monde selon Varick, roman

L'Ombre de l'oiseau-lyre, roman

ALEX D. JESTAIRE
Tourville, roman
AÏSSA LACHEB-BOUKACHACHE
Plaidoyer pour les justes, roman
L'Éclatement, roman
Le Roman du souterrain, roman
LOUIS LANHER
Microclimat, roman
Un pur roman, roman
Ma vie avec Louis Lanher, nouvelles
PHILIP LE ROY
Le Dernier Testament, roman, Grand Prix
    de Littérature policière 2005
La Dernière Arme, roman
Couverture dangereuse, roman
Evana 4, roman
MARIN LEDUN
Modus operandi, roman
Marketing viral, roman
ANTOINE MARTIN
La Cape de Mandrake, nouvelles
YOUCEF M.D.
Je rêve d'une autre vie, roman
Le Ghost Writer, roman
JAMES MORROW
En remorquant Jéhovah, roman
Le Jugement de Jéhovah, roman
La Grande Faucheuse, roman
Le Dernier Chasseur de sorcières, roman
DAN O'BRIEN
Les Bisons du Cœur-Brisé, roman
Rites d'automne, roman
PRIX HEMINGWAY
Toreo de salon et autres nouvelles, anthologie 2005
Pasiphae et autres nouvelles, anthologie 2006
Corrida de muerte et autres nouvelles, anthologie 2007
Aréquipa, Pérou et autres nouvelles, anthologie 2008
Le Frère de Pérez et autres nouvelles, anthologie 2009
PULSATILLA
La cellulite, c'est comme la mafia, ça n'existe pas, bio-roman

Dee Dee Ramone
  Mort aux Ramones! autobiographie
Vincent Ravalec
  Une orange roulant sur le sol d'un parking…, poème
Nicolas Rey
  Treize minutes, roman
  Mémoire courte, roman, Prix de Flore 2000
  Un début prometteur, roman
  Courir à trente ans, roman
  Un léger passage à vide, roman
Céline Robinet
  Vous avez le droit d'être de mauvaise humeur…, nouvelles
  Faut-il croire les mimes sur parole?, nouvelles
Anna Rozen, Philippe Leroyer
  Demain, roman
  Et plus si affinités, perles
Régis De Sá Moreira
  Pas de temps à perdre, roman, Prix Le Livre Élu 2002
  Zéro tués, roman
  Le Libraire, roman
  Mari et femme, roman
Alex Shakar
  Look sauvage, roman
Neil Strauss
  The Game, récit
  Les Règles du Jeu, nouvelles et pratique
Matt Thorne
  Images de toi, roman
Matt Thorne, Nicholas Blincoe
  Les Nouveaux Puritains, anthologie
Coralie Trinh Thi
  Betty Monde, roman
  La Voie Humide, autobiographie
Michael Turner
  Le Poème pornographe, roman
Tristan-Edern Vaquette
  Je gagne toujours à la fin, roman, Prix Goya 2003
Bernard Vargaftig
  Coffret livre-DVD, poésie

CÉCILE VARGAFTIG
  Fantômette se pacse, roman
MARC VASSART
  Le Serval noir, roman
DAVID FOSTER WALLACE
  Brefs entretiens avec des hommes hideux, nouvelles
  Un truc soi-disant super auquel on ne me reprendra pas, essais
  La Fonction du balai, roman
IRVINE WELSH
  Recettes intimes de grands chefs, roman
  Porno, roman
  Glu, roman
ALEX WHEATLE
  Redemption Song, roman
  Island Song, roman
JOELLE WINTREBERT
  Pollen, roman, Prix Rosny-Aîné 2003

GRAPHIC
JEAN-JACQUES BEINEIX, BRUNO DE DIEULEVEULT
  L'Affaire du siècle T1 – Château de vampire à vendre
  L'Affaire du siècle T2 – Vampire à louer
NEIL GAIMAN, DAVE MCKEAN
  Violent Cases, BD
NEIL GAIMAN, P CRAIG RUSSELL
  Coraline, BD
NORA HAMDI, VIRGINIE DESPENTES
  Trois Étoiles
JUNG KYUNG-A
  Femmes de réconfort
EDDIE PONS
  Scènes d'arènes
  Tout et n'importe quoi sur le cigare
AMRUTA PATIL
  Kari

DOCUMENTS
COLLECTIF
  Questions d'ados

D'un taureau l'autre, colloque sous la direction de A. MAÏLLIS
et F. WOLFF
ANGELA DAVIS
Les Goulags de la démocratie
CLINTON HEYLIN
Babylon's burning
MARK LYNAS
Marée montante
CÉCILE MOULARD
Mail connexion
VINCENT RAVALEC, MALLENDI, AGNÈS PAICHELER
Bois Sacré, initiation à l'iboga
CHARLES SILVESTRE
La Torture aux aveux
MARTIN WINCKLER
Contraceptions mode d'emploi
Les Miroirs obscurs

ALBUMS
AGENCE VU — ACF, ATWOOD, DOURY, ESHRAGHI, GRIGNET, LEBLANC
Misère urbaine : la faim cachée
COLLECTIF — VELAY, BOISSARD, GAS
Visas pour le Gard
JOSÉ FRÈCHES
Créateurs du nouveau monde
IVM — Sous la direction de F. ASCHER, M. APEL-MULLER
La rue est à nous... Tous
DEROUBAIX, LE PUILL, RAYNAL
Les Vendanges de la colère
FAVIER, GREMILLET
Merci patron
SEINGIER, CHOTEAU, LACÈNE
Secondes chances

BEAUX LIVRES
U2
U2 by U2
STRUMMER, JONES, SIMONON, HEADON
The Clash

Impression réalisée par

BRODARD & TAUPIN

La Flèche
en janvier 2010

Imprimé en France
N° d'impression : 56168
Dépôt légal : janvier 2010